Darcio Cavallini

APOMETRIA
uma nova abordagem da desobsessão

HOMENAGEM AOS DESBRAVADORES

Não poderia escrever este manual sem citar a dedicação e o trabalho eficiente do médico IVAN HERVÉ, que, paralelamente ao doutor José Lacerda de Azevedo, edificou as bases científicas do trabalho de apometria.

Ele criou, em Porto Alegre, um instituto de estudos dedicados somente ao aspecto científico dessa terapia, atendendo a milhares de casos registrados e catalogados com o devido acompanhamento médico de cada paciente que lhe foi indicado.

AGRADECIMENTOS

Agradeço a todos aqueles que, direta ou indiretamente, participaram dessa minha caminhada. Tenho-lhes eterna gratidão pelo apoio recebido desde o início da minha trajetória.

Seria impossível citar os nomes sem correr o risco de esquecer algum e, por essa razão, não o faço. Aqueles que contribuíram sabem de sua participação e de minha gratidão.

SUMÁRIO

APRESENTAÇÃO •• 7

1 | COMO TUDO COMEÇOU •• 12

2 | O QUE É APOMETRIA? •• 21

3 | O MUNDO INVISÍVEL •• 25

4 | AS LEIS DA APOMETRIA •• 36

5 | DISTÚRBIOS ESPIRITUAIS •• 51

6 | O ATENDIMENTO EM APOMETRIA •• 60

7 | TÉCNICAS DE APOMETRIA •• 69

8 | ORIENTAÇÃO PARA DIRIGENTES DE APOMETRIA •• 112

9 | AOS TRABALHADORES DE APOMETRIA •• 138

CONCLUSÃO •• 157

APRESENTAÇÃO

A APOMETRIA NA MINHA VIDA

Tudo começou quando eu frequentava um curso de cromoterapia, ministrado pelo amigo Valcapelli, onde conheci Ivani, que também fazia o mencionado curso. Ela me fez, pela primeira vez, relatos sobre a apometria. No intervalo de uma das aulas, contou-me a experiência vivida por seu filho, que passou por uma crise de síndrome do pânico que o deixou "travado" em seu apartamento na Austrália, para onde havia se mudado. Em seu relato, Ivani afirmou que precisaria viajar até lá para tirá-lo de seus aposentos, pois as tentativas realizadas pelos vizinhos e amigos haviam sido em vão.

Retornando ao Brasil, ela tomou conhecimento desse tratamento e foi procurar a Fraternidade Doutor Lourenço, no bairro de Perdizes, em São Paulo, onde seu filho iniciou o tratamento imediatamente. Após dois atendimentos, ele conseguiu uma melhora significativa.

Quando ouvi a palavra apometria seguida daquele relato emocionado e carregado de surpresas, não me contive. Quis saber o que era exatamente aquela técnica e onde eu poderia conhecê-la com maior profundidade.

Na semana seguinte, em uma quarta-feira, Ivani trouxe-me o endereço da Fraternidade Doutor Lourenço, e me informou que o grupo responsável pelo trabalho com apometria era "fechado". Para participar, eu deveria me apresentar às segundas-feiras, quando passaria por uma triagem e possível tratamento. Só depois teria a chance de conhecer melhor os procedimentos apométricos que tanto me chamaram a atenção.

A essa altura, minha ansiedade havia ultrapassado a escala da normalidade, e eu já não me continha dentro de mim. Naquela mesma quarta-feira, dirigi-me para o endereço indicado, levando comigo minha amiga Márcia Marins.

Lá chegando, observei que na parte térrea do edifício havia uma padaria e, como estávamos adiantados, paramos para fazer um lanche e aguardar o horário de atendimento da Fraternidade. Enquanto sorvíamos o café e degustávamos o pão com manteiga, um senhor simpático abeirou-se e pediu uma xícara com café. Embora não houvesse nenhuma pista de que aquele homem pudesse ter alguma ligação com o fato, não levou nem um minuto para que o abordasse, perguntando se ele conhecia a tal casa onde se realizavam os trabalhos de apometria.

Até hoje não encontrei uma razão lógica de ter perguntado exatamente àquele homem e naquela padaria, um lugar onde havia muitas outras pessoas ao redor do balcão, algo que talvez ele nunca soubesse responder. Ele, com olhar indagador, perguntou o que eu iria fazer lá. Sem pestanejar, respondi:

— Vim para conhecer o lugar e trabalhar na casa.

Num misto de curiosidade e surpresa, ele balançou a cabeça afirmativamente e respondeu "tudo bem". Em seguida completou, dizendo que também estava se dirigindo para a referida casa.

Terminamos o café e seguimos juntos para a Fraternidade, subindo uma longa escadaria até chegarmos à recepção. Havia várias pessoas aguardando serem atendidas, mas, para nossa surpresa, aquele senhor da padaria dirigiu-se até uma jovem e pediu que nos atendesse, a fim de avaliar o que poderia ser feito naquele momento, pois o dia não era o estabelecido para fazer os procedimentos iniciais, isto é, a entrevista.

Gentilmente, ela nos informou que não seria possível aplacar minha ansiedade prestando as informações que eu buscava, ou seja, como eu poderia trabalhar naquela casa. Essa era uma resposta que somente o senhor Flávio, com quem havíamos subido a escada, poderia responder. Até aquele instante, não tínhamos a menor ideia de quem era o senhor Flávio, até perceber que se tratava do presidente da entidade. Agora, sim, tudo parecia fazer sentido.

Inconformado com a situação, mas cheio de esperança, dirigi-me à sala daquele senhor na expectativa de que nos recebesse. Para nossa surpresa, ele atendeu a porta e nos lançou um largo sorriso maroto, dizendo:

— Quer dizer, então, que o senhor veio para trabalhar?

— Sim — respondi meio afobado.

— Mas a casa tem normas a serem seguidas, e uma delas é que todos devem passar antes por uma entrevista e, talvez, um possível atendimento, para só depois receber permissão para participar dos trabalhos, ou ser recusado.

Insisti e afirmei que eu estava lá não só para trabalhar, mas também para dirigir os trabalhos, fato que causou muita surpresa a Flávio.

— O que lhe dá tanta certeza disso?

— Sinceramente, eu não sei. Só sei que vim aqui para trabalhar, e este é meu compromisso de vida.

Diante de tanta convicção, Flávio não titubeou e me indicou uma sala onde acontecia um curso de apometria naquele instante. Fui apresentado ao senhor Cássio Hervé, o palestrante, com quem saboreei as informações lúcidas a respeito do trabalho.

Daquele dia em diante, comecei a frequentar as aulas regularmente, até que, em um dia chuvoso, prestes a iniciar o curso, Flávio bateu à porta e pediu a Cássio que indicasse pessoas aptas para trabalhar com a técnica que eu estava aprendendo, pois, em razão das chuvas, muitos trabalhadores haviam faltado. Fui incluído na lista e designado para trabalhar justamente na sala de Flávio, que depois me orientou a frequentar os trabalhos diariamente e com vários dirigentes diferentes a fim de adquirir experiência. Foi o que fiz com muito prazer nos dias que se seguiram.

Bastante entusiasmado, voltei na quarta-feira seguinte para trabalhar no grupo inicial de Flávio. Ele entrou na sala, cumprimentou a todos e pediu que eu fizesse a abertura dos trabalhos enquanto ele atendia uma emergência com um dos assistidos, o que fiz com muita alegria. Para minha surpresa e plena felicidade, Flávio deixou o grupo e passei a responder por sua direção.

Confesso que senti muita alegria naqueles dias. Empenhei-me com dedicação nos estudos das leis e das técnicas apométricas para que pudesse arcar com a responsabilidade que acabara de assumir. Desde então, envolvi-me na formação de novos grupos e participei de outras casas de apometria. Das diversas que frequentei, tenho muito carinho por ter ajudado a fundar, em Franco da Rocha, município da grande São Paulo, a Fraternidade Amor e Caridade, que oferece tratamento apométrico a todos que procuram ajuda. No entanto, não posso esquecer que recebi todo apoio e conhecimento na Fraternidade Doutor Lourenço, especialmente dos amigos e mestres Cássio e Flávio, a quem sou muita grato.

O tempo passou e, com a experiência que adquiri, comecei a ministrar cursos de apometria, tendo formado muitos trabalhadores que continuam, em sua maioria, trabalhando em benefício do próximo.

Devo a várias pessoas a experiência e o conhecimento que adquiri na minha trajetória como pesquisador e trabalhador atuante em apometria. Seria injusto anunciar seus nomes e ser traído pela memória, omitindo alguém que ajudou a construir essa história. Portanto, fica registrado meu agradecimento a todos aqueles que, direta ou indiretamente, participaram dessa minha caminhada. Vocês têm a minha eterna gratidão pelo apoio recebido.

1 | COMO TUDO COMEÇOU

O SER MINERAL

Havia um lugar, nas entranhas da Terra, onde habitavam seres que aprenderam a viver no recôndito das cavernas. Mas existia um ser que pensava de maneira diferente dos demais.

Eles não desenvolveram a visão como a nossa, pois viviam onde a escuridão era quase total. Para se locomover, arrastavam-se pelo ambiente, tateando o chão e as paredes das rochas cheias de limo por causa da umidade. O local era fétido, um ambiente completamente hostil sem nenhuma sociabilidade. As pessoas eram tristes e não se comunicavam, viviam em função de manter a vida, sem ter nenhuma esperança.

De tempos em tempos, tudo ali era inundado por tempestades, e a água que descia pelas paredes íngremes da caverna tornava o local mais inacessível e cada vez mais insuportável.

Comiam o que as mãos conseguiam detectar por meio do tato. A saúde era péssima, e o índice de mortalidade, altíssimo. De tanto se arrastarem pelas pedras e pelo chão lamacento, as mãos, os braços e as pernas criaram uma espécie de couraça, igual à pele de um jacaré. Por essa razão, perderam a sensibilidade para detectar objetos mais sutis.

Apesar da péssima condição de vida, as pessoas viviam sem reclamar, conformadas com a situação; entretanto, havia esse ser que era diferente. Ele acreditava existir outro lugar que fosse o oposto daquele. Sempre que falava de suas ideias futuristas e esperançosas, o povo o chamava de louco, era marginalizado e desacreditado pelos demais, que se afastavam rapidamente, temendo ser contagiados por sua doença visionária.

De tanto repetir para si mesmo que havia outro lugar melhor do que aquele imundo e fétido, um dia criou coragem e decidiu buscar o tão sonhado paraíso. Todos o aconselharam a ficar, pois certamente morreria se tentasse sair da caverna; segundo os mais velhos, seria um caminho sem volta.

Havia um único e difícil acesso, para a suposta saída e que precisava ser escalado pelas paredes íngremes e úmidas da caverna. Pedras pontiagudas eram como facas dilacerando a carne do ser diferente, contudo ele não desistia. Ferido e cheio de hematomas, pensou em interromper sua jornada algumas vezes, mas isso significaria o fracasso, o fim de uma verdade absoluta sobre a existência do paraíso que, até então, só existia em seus pensamentos.

A cada tropeço, ele levantava e seguia adiante com perseverança, pois não admitia viver naquela condição deplorável. Por isso, a cada obstáculo e escorregão, ele buscava motivos para prosseguir em direção do tão sonhado paraíso.

O tempo foi passando, as feridas foram cicatrizando e, finalmente, um dia conseguiu enxergar a luz do sol por uma pequena fresta esculpida na rocha. Ainda era cedo para cantar vitória, pois não sabia se aquela pequena fresta era só uma miragem. Ele continuou, até que finalmente conseguiu ver a luz do sol.

Sua perseverança, disciplina e disposição foram determinantes para alcançar a saída da grande caverna, mas, em vez de se deparar com campos verdejantes e pradarias, ele percebeu que a luz do sol o incomodava. Foi difícil adaptar a visão depois de viver a vida inteira nas trevas. Todavia, com muita paciência, ele foi experimentando a nova vida, saindo à noite. Assim, ele foi sentindo o ar fresco em seu rosto, o cheiro da relva, foi percebendo as formas e os contornos da nova realidade. Aos poucos, foi se adaptando à nova situação, até poder iniciar a grande caminhada em busca da terra prometida.

Como a noite lhe era mais favorável, ele descansava durante o dia, abrigando-se em buracos e cavernas, e à noite investigava a maravilha que estava à sua frente. Gradativamente, foi se acostumando com a luz do sol e assim podia avançar em suas descobertas, encantando-se cada vez mais com a natureza que acabara de conhecer, deleitando-se com as cores maravilhosas das flores, com a relva macia e com a grama verdinha à beira dos lagos. A floresta, as montanhas, os vales, os rios, o céu, as estrelas, as nuvens, a chuva, o sol, a lua eram sonhos realizados. Os pássaros o atraíam com seu cantar harmonioso e voar liberto.

A comida que a natureza oferecia era farta e variada, dando-lhe a certeza de que seu sonho finalmente havia se transformado em realidade.

De vez em quando, lembrava-se de seu povo e desejava ardentemente mostrar-lhes toda aquela beleza e, principalmente, oferecer-lhes uma nova experiência para que pudessem realmente ser felizes e descobrir o verdadeiro sentido da vida!

Após vários quilômetros de caminhada, ele encontrou um grande vale, onde decidiu permanecer e fincar raízes. Ficou por ali um bom tempo, aprendendo a lidar com a nova situação e a desfrutar de suas benesses. Quando entendeu que já sabia o suficiente, decidiu retornar às suas origens e contar ao povo a boa-nova. Então, começou seu longo caminho de volta completamente revitalizado, fortalecido em fé e esperança, e nada, nem ninguém, poderia mudar sua convicção.

Desceu novamente o caminho íngreme e escorregadio com relativa segurança porque aprendeu a utilizar instrumentos auxiliares para a descida, como, por exemplo, um pedaço de madeira que imitava um cajado, e cipós para servir de corda.

Chegando ao seu destino, o ser diferente foi recebido com espanto e medo pelo povo. Todos se afastavam apavorados, acreditando que ele havia morrido, e que sua volta fosse certamente o retorno de um fantasma. Seu corpo físico resplandecia, pois já não tinha a mesma aparência e textura de pele, antes calejada. Ele estava diferente e era possível perceber isso pelo tato.

Pacientemente, ele descreveu seu caminho de aventura e sucesso, e logo percebeu que ninguém o apoiava, nem acreditava na existência de um lugar como ele descrevera. Definitivamente estaria louco. Com isso, ele pensou em convencer pelo menos algumas pessoas a segui-lo para confirmarem a grande descoberta, afinal, não podia provar nada, somente explicar com palavras o que encontrara. Era uma questão de fé.

Alguns até o seguiram, mas a maioria desistiu no meio do caminho por considerar impossível escalar a parede íngreme e escorregadia, que provocava dores pelo corpo. No entanto, os que persistiram seguiram adiante com o ser diferente, até encontrarem o seu reino de felicidade.

UM SER DIFERENTE

Em 2001, fiz uma viagem que marcou para sempre minha vida. Passei por uma cirurgia cardíaca que me levou a ter uma Experiência de Quase Morte (EQM). É uma viagem indescritível, dá a impressão que uma luz muito intensa, porém abrasadora e atraente, puxa-nos em sua direção como se fosse um ímã. É ao mesmo tempo aterrorizante e tão irresistível que nada consegue parar esse movimento. Um misto de medo e paz.

Ao se aproximar dessa luz, há uma simbiose energética tão intensa que somente quem já passou por isso é capaz de compreender e descrever o sentimento. Posso afirmar que é simplesmente maravilhoso, um instante divino que parece eterno, embora dure apenas alguns minutos ou horas, mas a impressão que fica é inesquecível.

Perdi a riqueza dos detalhes sobre o que pude aprender e compreender a respeito da minha vida e sobre o que estou fazendo aqui na Terra, mas sentir a luz é uma sensação que não dá para esquecer. Às vezes, só de lembrar, envolvo-me em uma energia que não consigo descrever, de tanta felicidade que me proporciona.

Ao retornar dessa viagem, mudei minha vida de forma radical, principalmente no que se refere a crenças e valores. Hoje em dia, dedico-me a mostrar o caminho da espiritualidade para as pessoas com quem convivo. Tenho consciência de que muitos me rotulam de louco; outros, de egoísta pelo fato de não fazer as mesmas coisas como todo mundo. Eu deixei de ser "normal" e também, como na história, tornei-me um "ser diferente".

Essa experiência permitiu que eu acessasse a minha verdadeira essência para **ser** o que **sou** e seguir minhas intuições sem os paradigmas criados pelo medo e por um sistema que nos desvia do caminho da felicidade.

Por essa razão, aprendi a dar menos importância às opiniões dos outros e a não me preocupar com seus julgamentos, se acreditam na veracidade das minhas experiências ou não. Eu tenho absoluta certeza de que estive lá. Foi uma experiência única, intransferível e intensa que me faz repensar a vida e decidir todos os dias que estou aqui para ser feliz.

Se porventura alguém se sentiu tocado no coração com minhas palavras, peço que confie no seu próprio destino e caminhe em busca da sua felicidade.

Eu sou Darcio Cavallini — agora um ser diferente — e estou no Instituto BioSegredo, um lugar para aprender a viver!

TERAPEUTA PROFISSIONAL

Após longos anos de dedicação, ajudando as pessoas por meio de doação energética nos trabalhos de apometria, e tendo atendido a milhares de casos com essa técnica, o índice de resultados positivos me incentivou a ser um profissional na área da saúde espiritual. Nessa trajetória, devo ressaltar que uma das minhas maiores incentivadoras foi a minha amiga Márcia Marins. Foi ela quem me induziu a aceitar o convite de Elaine Sarrão e participar do seu Espaço Terapêutico, no Tremembé, em São Paulo.

Quando iniciei minhas atividades, o padrão de atendimento era o mesmo das casas espíritas e entidades filantrópicas pelas quais eu havia passado. A diferença era que, agora, meus atendimentos tinham um preço estipulado por consulta. Devo dizer que, no início, sentia muito constrangimento pelo fato de "vender" meus serviços, oriundos da minha sensibilidade. Demorei a aceitar a quebra desse paradigma por causa do ranço religioso trazido pela maioria das pessoas desde a infância, calcado numa educação que ensina que todas as coisas são de Deus e, portanto, não podem ser vendidas, salvo de maneira velada, como acontece com o sistema religioso de nossa cultura.

Em pouco tempo comecei a perceber o benefício que proporcionava às pessoas e com resultados cada vez mais eficientes. Como nossa filosofia de vida neste mundo capitalista valoriza muito o dinheiro, percebi que as pessoas têm uma resposta mais rápida da cura quando pagam pelo que recebem. Há um provérbio que diz: "Quando se mexe no bolso, a dor é mais sentida". Assim, era uma forma de dar uma chance a quem realmente quisesse meus préstimos pela vontade de se curar, não apenas por curiosidade. Observei que os atendimentos gratuitos eram, na maioria, de pessoas curiosas e sem comprometimento com a sua verdade. Por isso, menciono também este outro ditado: "De graça, até injeção na testa", pois essas pessoas só tomavam o nosso tempo e o lugar de quem realmente estava em busca de solucionar seus problemas.

Boa parte das pessoas que atendi me procurou por causas justas e tinha potencial de fé em nosso trabalho, o que indubitavelmente as ajudou a encontrar sua própria cura. Desse modo, consolidei-me no mercado como terapeuta profissional, trabalhando por um longo período na Clínica Phisiolife, no Instituto Brasileiro de Naturologia e também no consultório de um grande amigo, nesse caso, a convite de sua esposa.

O tempo passou e a vida me direcionou para que eu tivesse o meu próprio espaço. Não precisei fazer nenhum esforço para me encontrar com o meu amigo e mestre, professor Juan Ribaut. Juntos, decidimos fundar o Instituto BioSegredo, onde atuamos como parceiros, sócios e terapeutas.

INSTITUTO BIOSEGREDO

Trata-se de um lugar onde desvendamos os segredos da vida. A soma de nossas experiências nos leva a realizar um trabalho maravilhoso em benefício da humanidade. É curiosa a simbiose que existe entre nossos conhecimentos, ideais e propósitos de vida, pois essa convivência harmoniosa e saudável gera um clima adequado para transmitir nossos conhecimentos por meio de cursos e atendimentos.

O professor Juan é Mestre em radiestesia e radiônica. Foi idealizador e criador da chamada mesa radiônica, e responsável por difundir essa técnica em todo o território nacional. Reconhecido internacionalmente por seu trabalho de pesquisa, é idealizador e criador de técnicas que aprimoram a manipulação de energias por meio de pêndulos e gráficos radiônicos. Portanto, tudo o que surgiu depois nasceu de sua origem e são seus descendentes.

Minha trajetória de conhecimento sempre esteve voltada para o mundo da espiritualidade. Minha formação e experiência prática estão ligadas aos distúrbios espirituais das pessoas, sendo que atuo como elemento transformador, ajudando-as a perceber seus distúrbios pelo autoconhecimento. Assim, elas podem vivenciar o trabalho que realizamos, alcançando resultados eficientes capazes de equilibrá-las e harmonizá-las consigo mesmas e, depois, mais determinadas, de sentirem-se seguras para tomar um caminho diferente em suas vidas, tendo a percepção do verdadeiro significado da palavra felicidade. Todos aprendem que essa é uma maneira de atrair a felicidade para si e para as pessoas ao seu redor.

Eu e Juan unimos, então, a ciência do comportamento humano e as técnicas terapêuticas, que, num primeiro momento, equilibram a pessoa; depois, levam o esclarecimento necessário em forma de cursos e palestras, com a finalidade de transformá-la e incentivá-la a seguir seu caminho sem depender mais de pessoas ou de fatores externos.

Assim, definimos como princípio ensinar as pessoas a pescar e não mais damos o peixe. O Instituto BioSegredo é parte fundamental desse cenário porque atua na vida das pessoas como agente transformador, sempre com o objetivo de propiciar felicidade e bem-estar. Realmente, um lugar onde se aprende a viver!

2 | O QUE É APOMETRIA?

A apometria é uma técnica terapêutica para distúrbios espirituais, que chamo de "medicina da alma". Ela pode ser aplicada em qualquer pessoa, independentemente de sua idade ou estado de saúde e sanidade mental. O método é relativamente fácil de ser utilizado, mas só deve ser realizado por pessoas devidamente habilitadas e capacitadas.

Foi constatado que esse procedimento terapêutico é muito eficiente no tratamento dos diversos distúrbios psicológicos, com elevado índice de cura em pacientes diagnosticados com depressão, síndrome do pânico, transtorno afetivo bipolar, esquizofrenia, fobia social, transtorno obsessivo compulsivo, entre outros.

O doutor Luiz Rodrigues, farmacêutico e bioquímico, apresentou inicialmente essa técnica no Brasil, chamando-a de hipnometria. Nascido em Porto Rico e radicado no Rio de Janeiro, em 1965 ele foi a Porto Alegre para realizar uma palestra no Hospital Espírita de Porto Alegre (HEPA) para demonstrar os procedimentos da sua técnica. Consiste na aplicação de pulsos magnéticos concentrados e progressivos, que atuam diretamente no corpo astral do paciente, ao mesmo tempo que comanda o afastamento ou o desdobramento dos seus corpos sutis. Depois desse evento, o doutor José Lacerda de Azevedo foi um dos que se interessou pelo trabalho do doutor Luiz e passou a fundamentar cientificamente a apometria, termo que ele adotou mais tarde, por entender que hipnometria poderia dar a ideia de hipnose, que não tem nenhuma relação com a técnica.

O doutor José Lacerda de Azevedo foi auxiliado em seus trabalhos por sua esposa, dona Iolanda, médium e trabalhadora da casa espírita kardecista chamada Casa do Jardim, em Porto Alegre.

Apesar de a apometria ter sido criada dentro de uma casa espírita, a técnica não tem nenhuma ligação com qualquer seita ou religião. É um procedimento simples, baseado na lei de desdobramento espiritual, que é uma característica do ser humano, embora essa afirmação contrarie algumas crenças espiritualistas que defendem a teoria da mediunidade, também própria do ser humano. Todo ser humano, ao dormir, é naturalmente desdobrado (viagem astral) e passa a interagir com outras dimensões astrais sentidas por meio do sonho.

O doutor Lacerda, em suas pesquisas, provou que é possível obter o mesmo resultado de desdobramento dos corpos sutis em estado de vigília (pessoa acordada) por meio das técnicas apométricas e sob o comando de uma pessoa experiente.

APOMETRIA — CIÊNCIA

Em 1998, a Organização Mundial da Saúde (OMS) reconheceu a "obsessão espiritual" como uma doença da alma e fez constar do Código Internacional de Doenças (CID), no item F 44.3.

Calcado nos milhares de casos atendidos por mim e por minha equipe, posso afirmar que os distúrbios psicológicos diagnosticados pela medicina tradicional são, na verdade, distúrbios de ordem espiritual que já afetaram o campo emocional e mental das pessoas, cujos sintomas levam os profissionais da saúde a fechar os diagnósticos e tratá-los com medicamentos tradicionais conhecidos como "tarja preta". Esses medicamentos atingem somente o corpo físico, que é o campo de manifestação da doença, e não conseguem atingir a verdadeira causa da doença, que se encontra nos corpos sutis da pessoa, a "morada" da alma.

A apometria, com suas técnicas simples, tem mostrado eficiência nesses tratamentos porque consegue atingir a origem dos males psicológicos, e até mesmo de acontecimentos ocorridos em outras vidas que ainda possam exercer influência na presente encarnação do ser humano.

QUEM PODE SE TRATAR POR APOMETRIA?

Não há restrição de idade, sexo, situação social ou religião. Qualquer pessoa pode ser tratada com apometria, desde que se permita. A pessoa que nos procura porque alguém "mandou", contra a sua vontade, não é atendida. Embora haja exceções. O ser humano que perdeu a capacidade de exercer o livre-arbítrio, como aqueles que estão em estado de coma, que têm dependências químicas (por vícios), esquizofrenia, etc., podem receber o tratamento independentemente de sua autorização.

HÁ OUTRAS INDICAÇÕES PARA A APOMETRIA?

Uma simples tristeza sentida por tempo prolongado é uma doença e deve ser tratada antes que se torne uma depressão profunda. O estresse, o desânimo, a insônia, a falta de interesse pela vida, a perda da capacidade de realização, a irritabilidade constante são sintomas que indicam o princípio de um distúrbio de ordem espiritual que, se prolongado, poderá se tornar uma doença diagnosticada pela medicina tradicional como distúrbio psicológico.

Os distúrbios espirituais são muito comuns na nossa vida cotidiana. Para o doutor José Lacerda de Azevedo, sistematizador da apometria, a obsessão espiritual ou auto-obsessão são distúrbios generalizados nos tempos modernos que podem ser curados. Entretanto, como ocorre em toda terapêutica espiritual, é fundamental que a pessoa faça a sua parte. A reforma íntima começa com uma profunda reflexão sobre nós mesmos: temos medo de que a crise tire o nosso emprego? Brigamos com facilidade porque temos dificuldade para aceitar o diferente, só porque o outro não concorda com nossas opiniões?

Ideias fixas, preocupações, discriminação e críticas constantes podem ser indícios de comportamentos obsessivos que devem ser tratados. Por isso, é importante nos conscientizarmos de como eles ocorrem no dia a dia, a fim de que possamos abrir as janelas para a compreensão e para a empatia universal.

3 | O MUNDO INVISÍVEL

O QUE SÃO CORPOS SUTIS, NÍVEIS E SUBNÍVEIS?

Na filosofia oriental, é clara a existência de sete corpos sutis que fazem parte do nosso complexo ou condomínio espiritual e do qual necessitamos para atuar como ser vivente neste planeta.

O catolicismo admite a existência de dois corpos: o físico e a alma, ao passo que Kardec, ao decodificar a doutrina espírita, acrescentou o períspirito como mais um corpo sutil nessa definição. Na verdade, somos compostos por muito mais corpos sutis do que temos sido informados até o momento. Contudo, devemos entender que esse fato não seria compreensível quando Kardec falou da existência de mais um corpo sutil além da alma. Já foi difícil aceitar esse novo corpo pelos padrões de conhecimento da época, imaginem então informar que somos muito mais corpos e ainda milhares de níveis, subníveis e registros de memória.

Temos o veículo material de manifestação da consciência constituído de energias extraídas do planeta que formam um campo eletromagnético — o nosso corpo físico. Todos os demais corpos são formados por energias sutis imperceptíveis aos olhos comuns. Conforme o desenho na página 29, é possível compreender a formação do condomínio espiritual de que somos formados para a manutenção da vida neste planeta e nas demais dimensões onde atuamos. Cada corpo apresentado é formado por energias sutis. Quanto maior o afastamento entre o corpo físico (material) e a origem (alma), a essência divina com a qual somos criados, mais sutis são as energias desses corpos.

O segundo corpo, etéreo, é formado por uma energia sutil quase densa e serve como condutor das sensações entre o corpo físico e o corpo astral/emocional, que é o corpo dos sentimentos terrenos.

O corpo astral/emocional, que consiste no modelo organizador biológico de nosso corpo físico, é formado por uma energia mais sutil do que o etéreo, porém ainda com uma boa carga de energia magnética, que é a essência da energia terrena.

Os demais corpos são formados por energias ainda mais sutis que os anteriores e são imperceptíveis aos olhos físicos, salvo aos olhos de clarividentes e trabalhadores de apometria bem treinados.

Quando executamos a técnica de desdobramento dos corpos de uma pessoa, devemos entender que somente os corpos astral, mental inferior e mental superior sofrem o processo de afastamento do corpo físico; os demais permanecem inalterados. Por essa razão, mesmo em desdobramento, dificilmente uma pessoa encarnada percebe que está desdobrada, pois não foi treinada ou não tem suas percepções desenvolvidas para isso. Mesmo sob o comando de desdobramento executado pelo dirigente, ela tende a imaginar que nada está acontecendo.

Esses três corpos registram os traumas emocionais vivenciados nas encarnações sucessivas, transformando-os em bloqueios energéticos. O bloqueio de cada vida fica registrado na memória espiritual do indivíduo, no seu DNA espiritual, formando os níveis e subníveis que aparecem para tratamento nos procedimentos de apometria.

É como se fosse tirada uma fotografia de cada momento traumático, e essas fotografias ficassem registradas e armazenadas em um álbum particular de sua existência, ao longo das encarnações. Por analogia, em cada atendimento de apometria, essas fotografias são retiradas do álbum e rasgadas, sendo apagadas de sua memória inconsciente.

Concluímos, portanto, que os corpos sutis são a manifestação primeira da função energética, seja ela emocional, mental ou espiritual, enquanto os níveis e subníveis são manifestações traumáticas desses corpos vividas num determinado momento da vida. Por isso, acredito que somos milhares de corpos sutis em razão das muitas encarnações pelas quais já passamos neste planeta-escola.

1 – Atma ou espírito
2 – Corpo buddhi
3 – Corpo mental superior
4 – Corpo mental inferior
5 – Corpo astral
6 – Duplo etérico
7 – Corpo físico

FORMAÇÃO DO CORPO FÍSICO

Nosso planeta é formado por um campo eletromagnético que contém as energias elétricas e magnéticas; a primeira é a energia original que vem do infinito (cosmo), e a segunda, do magma da Terra, ou centro do planeta.

Essas energias se aglomeram por afinidade de padrão energético e constituem a formação fisiogeológica do planeta e seus componentes. Tudo o que existe no planeta, seja mineral, vegetal ou animal, é composto por essas energias em suas diferentes nuanças. As energias não são estáticas, elas seguem um movimento característico, de acordo com seu padrão vibratório.

Portanto, os corpos físicos existentes no planeta, um mineral ou uma pedra qualquer, por exemplo, são compostos da mesma energia primária vital que uma planta ou um corpo físico de um animal ou de um homem. O que diferencia esses elementos entre si é exatamente o seu padrão vibratório.

No corpo físico do homem, cada órgão é composto por um tipo de energia vibratória que encontra afinidade em outra para executar uma determinada função, com características específicas. Constituídas na menor partícula dos tecidos do corpo humano, as células são formadas para exercer suas mais variadas funções, que, em termos de energia, também têm suas diferenças de formação, como a distinção entre o tecido da pele e o tecido do estômago, por exemplo.

O corpo físico demora sete anos para mudar todas as suas células num ciclo contínuo e automático, enquanto o estômago leva três meses. Cada célula que nasce para substituir a que morreu depois de cumprir seu papel recebe as informações energéticas do momento emocional o qual o ser está vivendo, mais a influência da célula-irmã que já se encontra no sistema.

Um corpo doente, diagnosticado com um câncer ou uma doença psicológica como a depressão, está sendo alimentado por células que recebem menos energia magnética do que necessitam para sua formação natural e sadia. Quando o corpo físico apresenta alguma doença, significa que está com falta de energia magnética.

Antes de reencarnar, ainda na condição de espírito, somos compostos da energia vital da fase elétrica. Para nascer, nossa mãe empresta a energia da fase magnética do seu corpo físico, utilizada para formar o corpo que nos servirá nesta encarnação, formado de acordo com as necessidades e o planejamento de vida que fizemos antes de reencarnar, isto é, conforme as nossas necessidades de aprendizado.

Portanto, antes da reencarnação, já sabemos se devemos ou não formar um corpo feminino ou masculino, com ou sem distorções congênitas. Para tanto, utilizamos o Modelo Organizador Biológico (MOB) por meio do corpo mental inferior, captando as energias magnéticas necessárias para construir esse corpo perfeitamente adaptado ao programa de vida que estabelecemos para esta encarnação. A saúde física, porém, é mantida por meio da capacidade que o corpo físico tem de extrair ou receber da Terra a energia magnética que forma o campo magnético vital (corpo) agregado à energia elétrica vital (espírito).

O corpo físico depende de vários tipos de energia para se manter vivo e saudável, tais como a energia dos alimentos, da água que ingerimos e do oxigênio que absorvemos ao respirar. Na ausência de qualquer uma dessas fontes de energia, compostas pelo magnetismo do planeta, o corpo adoece. Quando isso ocorre, significa que está faltando energia magnética, um dos principais responsáveis pela alimentação do nosso sistema vital.

O ser humano pode permanecer alguns meses sem comer, dias sem água, minutos sem ar, mas sem a energia vital magnética morrerá em segundos. Na falta do elemento vital, a morte do corpo físico é quase instantânea. Por essa razão, necessitamos utilizar a energia magnética para equilibrar nossas funções vitais, já que ela faz parte de nossa vida e de nós mesmos.

A energia magnética pode ser manipulada facilmente no corpo físico por nossa vontade, pois já organizamos toda a energia que recebemos num ciclo constante de transmutação, ou seja, recebemos, transformamos, aproveitamos o que é necessário para a renovação da célula e depois devolvemos ao planeta em forma de suor, fezes, urina etc., e até em forma de sentimentos, que é menos perceptível.

Pela manifestação das nossas emoções, ocorre a reciclagem das energias mais sutis que passam pelo nosso sistema corpóreo. Quando ocorre uma disfunção no campo físico ou no campo psicológico, essa reciclagem fica deficiente, transmutando menos magnetismo do que o necessário.

É mais difícil identificar o problema quando ele ocorre no campo psicológico, pela inexistência de aparelhos ou equipamentos capazes de captar essas energias sutis, salvo a fotografia Kirlyan (fotografia da aura). Entretanto, é fácil identificar a disfunção no campo físico, pois a medicina dispõe de aparelhos com tecnologia de ponta capazes de detectar facilmente os órgãos ou sistemas em desequilíbrio.

A única maneira que eu conheço para identificar o campo energético, além da clarividência, é usando equipamentos de radiestesia. A radiestesia é uma das ciências mais antigas do mundo, e possui elementos para identificar qualquer tipo de energia do planeta, desde as mais sutis até as suas diferentes nuanças. Por isso, ao diagnosticar e indicar tratamentos por apometria e outras terapias auxiliares, utilizo o que chamo de "mesa quantiônica", uma ferramenta específica para essas avaliações, com alto índice de eficácia.

Os distúrbios de ordem espiritual, psicológicos, emocionais e mentais são de difícil diagnóstico na medicina contemporânea. A decisão do médico acaba ficando no campo subjetivo, que pouco tem de concreto para avaliação. Isso torna seu trabalho mais difícil em comparação ao de outras áreas da medicina que utilizam tecnologia de ponta, como as ressonâncias magnéticas, raios X e técnicas computadorizadas. Nesse quesito, a radiestesia e a radiônica facilitam muito o trabalho graças à precisão dos diagnósticos. Com a quantiônica, conseguimos encontrar as causas dos problemas de saúde, mesmo aqueles cuja origem está em vidas passadas. Após o diagnóstico, o tratamento mais adequado é indicado.

Qualquer desajuste nos corpos sutis da pessoa significa um bloqueio energético. Um quantum de energia não reciclado transforma-se em um bloco de energia que fica estagnada no tempo-espaço em que foi criado, em virtude de uma emoção descontrolada, tal como culpa, medo, raiva, vingança etc., vivenciada em vidas anteriores. Esses blocos de energia são os grandes causadores dos males psicológicos de hoje.

Como expliquei anteriormente, em cada instante de uma vida na qual a pessoa tem uma experiência traumática, forma-se um bloqueio energético que fica preso naquele tempo-espaço. É como se uma fotografia daquela situação ficasse arquivada em nosso inconsciente. Se o quantum de energia magnética não for transmutado para ser devolvido ao planeta, ficará acumulado no campo energético da pessoa sem uma função específica.

No futuro, sempre que essa pessoa vivenciar uma experiência emocional traumática semelhante, o bloco de energia emocional pesará no corpo físico desta encarnação, e ele não suportará a carga energética que originou em encarnações anteriores, pois, como já foi dito, é construído para realizar o programa estabelecido para esta encarnação. Tudo o que vier a mais nesta encarnação será um peso que a pessoa não suportará e, geralmente, a fará entrar em crise, surtando de várias maneiras, na maioria dos casos com sintomas de depressão.

Tratamentos comuns não conseguem resolver o problema porque a falta de energia magnética interfere na ação de passado e, além disso, as terapias convencionais só abordam os problemas relativos a esta encarnação. Mesmo os tratamentos de Terapia de Vidas Passadas (TVP), têm limitações para desfazer esses campos energéticos, principalmente quando há outros seres envolvidos, como os obsessores espirituais.

Por essa razão, a apometria é uma ferramenta eficaz no tratamento dos distúrbios espirituais. Por intermédio de impulsos energéticos quantificados pela contagem e o estalar dos dedos, manipulamos a energia magnética para repor os campos energéticos deficientes ao mesmo tempo em que as energias podem ser manipuladas para beneficiar os ajustes necessários a cada caso.

HIERARQUIAS ESPIRITUAIS

Em geral, os quartéis-generais de magos negros estão instalados nas zonas umbralinas, subumbralinas e abissais, todas pertencentes às dimensões negativas, que vão desde a primeira negativa até a décima quarta negativa. Essas regiões vibram num padrão próprio, em sintonia com esses quadrantes energéticos. Os padrões vibratórios podem ser entendidos se comparados com o sistema das notas musicais, que têm um padrão definido, sendo possível elevar o tom oitavas acima. Cada região tem, portanto, um padrão (tom) vibratório dentro de uma escala vibracional, de acordo com a elevação espiritual da egrégora ou contingente de espíritos que formam esse padrão por ressonância vibratória.

Assim como existem padrões negativos formando a hierarquia espiritual, há também os positivos, que vão até as divindades, como anjos, arcanjos, querubins e mestres.

Devido à ignorância em relação às leis universais, nas regiões de padrão vibratório mais denso encontram-se as zonas de sofrimento, como o inferno, descrito por algumas religiões; umbral, como é chamado no meio kardecista, ou o "vale dos suicidas", também descrito nos textos espíritas kardecistas.

As colônias espirituais descritas por André Luiz em seus livros, psicografados por Chico Xavier, encontram-se nas zonas de padrão vibratório mais elevado. O padrão vai subindo gradativamente até as esferas crísticas, que não são compreensíveis para o conhecimento humano.

A partir do planeta Terra, há uma escala de ascensão vibratória conquistada individualmente por meio da compreensão e vivência das leis universais. Cada nível é formado por núcleos (como se fossem camadas) vibratórios, ou seja, dimensões diferentes da terrena, tridimensionais, que determinam a ligação energética em que cada ser se encontra em razão do seu grau evolutivo. Esses núcleos, também chamados de colônias, dimensões e tantos outros nomes, são estágios de ascensão que cada indivíduo conquista em sua caminhada evolutiva, porquanto compreende as leis universais que vivencia em suas experiências terrenas. Assim, ele erra em suas atitudes e tenta novamente até compreender a forma correta de empreender seus passos na jornada evolutiva.

Colônias muito próximas da crosta terrena recebem aqueles que desencarnam na Terra com determinada compreensão sobre a existência da vida após a morte física. A colônia "Amor e Caridade" é uma delas, local onde fica sediado o hospital para onde são encaminhados os assistidos de nossos trabalhos apométricos, em razão da afinidade que temos com essa egrégora. Nessas colônias, há uma intensa atividade nas diversas áreas de aprendizado, e lá o indivíduo permanece por um período, após sua morte física, numa espécie de estágio, até compreender novamente a sua condição de espírito divino e, então, elevar-se para a dimensão de sua sintonia. Assim, de acordo com seu merecimento ou escolha, poderá utilizar novamente a faculdade de reencarnar neste planeta para seguir com sua escala evolutiva espiritual.

Para saber a nossa posição sobre a Terra, basta conhecer a latitude, a longitude e a altitude (para o caso de trajetórias de aeronaves), mais conhecidas como coordenadas geográficas. As colônias espirituais, todavia, não possuem uma posição geográfica idêntica à que conhecemos no planeta Terra. São dimensões que se interpenetram ao mesmo tempo em que se situam em seu próprio espaço multidimensional, sem interferir no espaço vizinho. É como se um estivesse dentro do outro, mas separados. O mesmo ocorre com os nossos corpos sutis, que estão conosco ao mesmo tempo, embora separados, e cada um exerce atividades distintas na dimensão em que está sintonizado.

Para entender melhor essa relação, podemos citar que seria possível ter nossa origem na dimensão 7 positiva da escala evolutiva espiritual; no entanto, podemos estar ligados, por sintonia, à dimensão 3 negativa, por exemplo, por causa do nosso padrão vibratório atual, causado pela emoção que estamos vivenciando num determinado período de nossa vida. Assim, entramos em desequilíbrio espiritual e somos invadidos por todas as formas-pensamento da dimensão à qual estamos sintonizados, nesse caso, a dimensão 3 negativa.

O objetivo de nossa encarnação no planeta é exercitar nosso saber, ou seja, aquilo que já aprendemos em outras vidas sobre as leis universais, para usar nosso poder de escolha, o chamado livre-arbítrio. Assim, ao elevarmos nosso padrão de sabedoria e, consequentemente, o nosso padrão vibratório, conseguiremos atingir a sintonia com dimensões mais elevadas.

4 | AS LEIS DA APOMETRIA

Relacionamos abaixo as leis da apometria decodificadas por seu criador, doutor José Lacerda de Azevedo, que teve a coragem de desfraldar esta bandeira científica por acreditar no espírito antes da matéria.

PRIMEIRA LEI — DESDOBRAMENTO ESPIRITUAL
"Toda vez que, em situação experimental ou normal, dermos uma ordem de comando a qualquer criatura humana visando à separação do seu corpo espiritual — corpo astral — do seu corpo físico e, ao mesmo tempo, projetarmos sobre ela pulsos energéticos por meio de de contagem lenta, dar-se-á o desdobramento completo dessa criatura, conservando ela sua consciência."

TÉCNICA – Emitem-se impulsos energéticos ao estalar os dedos e, em voz alta, fazendo uma contagem lenta até o número que sentir necessário. Em geral, até sete é o suficiente. Ao mesmo tempo, comanda-se o desdobramento espiritual dos corpos sutis do assistido, encaminhando-o a um destino específico no campo astral. No meu caso, trabalho com a colônia "Amor e Caridade", local para onde faço os encaminhamentos.

Nessa técnica fundamenta-se a apometria.

Com o desdobramento (separação) dos corpos sutis, é possível tratá-los individualmente, de acordo com a necessidade de cada um, bem como captar corpos sutis de pessoas encarnadas para fazer o tratamento adequado, o que é muito comum em pessoas com desequilíbrio no campo emocional e mental.

SEGUNDA LEI — ACOPLAMENTO FÍSICO

"Toda vez que se der um comando, acompanhado de contagem progressiva e pulsos energéticos (estalar os dedos) para que se reintegre no corpo físico o espírito de uma pessoa desdobrada, dar-se-á imediato e completo acoplamento no corpo físico."

TÉCNICA – Sempre que uma pessoa estiver com seus corpos sutis desdobrados, longe de seu corpo físico, haverá acoplagem instantânea dos corpos toda vez que for realizado um comando com a contagem em voz alta e impulsos magnéticos.

Não há perigo de alguém permanecer por tempo prolongado em desdobramento. O próprio sistema de autopreservação se encarrega de executar a tarefa de acoplamento. Ao iniciar o sono, é muito comum nos depararmos com retornos abruptos. Isso acontece quando sentimos nossa segurança ameaçada de algum modo.

Para algumas pessoas, o processo de retorno ao corpo físico é mais demorado, o que pode ser observado quando a pessoa acorda e leva muito tempo para ficar totalmente desperta. Em certos casos, é possível que alguns sintam uma leve tontura, ligeiro mal-estar, ou sensação de vazio que pode durar alguns minutos, mas, com certeza, os sintomas desaparecem brevemente. Com a prática, a tendência é esses sintomas desaparecerem.

Quando necessário, pode-se tocar a cabeça da pessoa ou segurar suas mãos e dar o firme comando para que ela retorne, chamando seu nome. É raro, mas pode ser que o médium demore a sair da sintonia de um espírito atendido. Nesse caso, quando necessário ou em situações extremas, costumo dar um susto no trabalhador: coloco o dedão no chacra frontal, exercendo uma leve pressão e, com uma contagem rápida e curta, retiro o dedo com certa força e rapidez.

TERCEIRA LEI — AÇÃO A DISTÂNCIA PELO ESPÍRITO DESDOBRADO. LEI DAS VIAGENS ASTRAIS

"Toda vez que se ordenar ao médium desdobrado visitar um lugar determinado, sob contagem lenta e emitindo impulsos energéticos, o médium se deslocará até o lugar indicado conservando sua consciência, e terá percepção clara do ambiente visitado, seja espiritual ou físico."

TÉCNICA – Conhecida como "viagem astral", esta técnica possibilita a investigação de ambientes distantes para possível harmonização. É bastante utilizada nos casos em que o assistido apresenta influências energéticas intrusas e negativas no ambiente onde vive ou trabalha. Ao chegar ao ambiente, é possível descrever em detalhes a sua situação energética, bem como o próprio ambiente físico.

COMO APLICAR A TÉCNICA

Dou o comando para cada trabalhador ajustar a sintonia com seu guardião pessoal. Em seguida, solicito à equipe de "caboclos" (egrégora da umbanda) que faça a viagem astral, indo na frente do grupo para preparar nossa chegada ao local estabelecido. Isso é feito por meio da contagem lenta e aplicação de impulsos energéticos até a chegada de todos os participantes da equipe de encarnados e desencarnados.

Assim que aportamos ao destino, determino a varredura ou rastreamento em ângulo de 360° para verificação e captação das energias do local. Tão logo sejam identificadas, enquadramos as energias — em alguns casos a casa toda — e realizamos os tratamentos necessários.

Terminada a tarefa, determino o retorno da equipe ao nosso ambiente original. Ao realizar esse exercício, é possível obter informações seguras e concretas de detalhes do ambiente visitado. Os médiuns conseguem descrever todo o local físico, incluindo mobiliário, objetos, pintura das paredes, escadas e principalmente os objetos imantados com energias intrusas.

QUARTA LEI — FORMAÇÃO DOS CAMPOS DE FORÇA

"Toda vez que determinarmos a formação de uma barreira magnética por meio de impulsos energéticos seguidos de contagem, estes serão formados circunscrevendo a região predeterminada e na forma que o operador imaginou."

TÉCNICA – O dirigente imagina a forma geométrica da barreira a ser construída e a constrói por meio da contagem seguida de impulsos energéticos, utilizando-se a energia do grupo de trabalho.

Esta técnica é bastante útil quando estamos diante de entidades rebeldes, ou mesmo quando desejamos proteger um ambiente ou pessoas de possíveis ataques energéticos negativos.

Podemos utilizar várias formas geométricas como barreiras astrais: cilindros, esferas, cones, pirâmides, merkabah etc. Eu, particularmente, utilizo as pirâmides em razão da minha afinidade com os mestres egípcios, e também porque a eficiência dessas formas geométricas já foi provada por meio das mumificações.

Construímos a pirâmide mediante contagem e aplicação de impulsos energéticos para enquadrar as entidades que devem ser esclarecidas. Dessa forma, o espírito fica preso no tempo-espaço tridimensional de nossa dimensão para facilitar o diálogo. Da mesma maneira, podemos enquadrar todo o ambiente que visitamos, bem como as pessoas que encontraremos, com o objetivo de fazer a harmonização de tudo e de todos.

Aplicação da técnica: sob contagem pausada, emissão de impulsos energéticos e mentalização da pirâmide, determino sua formação a partir de cada vértice, tal como: "envolver (fulano ou casa) na pirâmide e construir em 1, 2, 3, 4 e 5".

QUINTA LEI — REVITALIZAÇÃO DOS MÉDIUNS

Toda vez que tocarmos o corpo do médium e mentalizarmos a transferência de nossa energia vital utilizando contagem e impulsos energéticos, essa energia será transferida. "O médium começa e se sentir revitalizado e em harmonia."

TÉCNICA – O dirigente deve tocar com uma das mãos no corpo do médium ou na pessoa que receberá a transferência de energia. Em seguida, com a contagem lenta e em voz alta, determinar a energização do assistido por meio de palavras intercaladas à contagem, tais como: "revitalizar, energizar, transferindo energia magnética" etc. Quando sentir que é o suficiente, pedir ao médium que inspire profundamente algumas vezes e, ao terminar, perguntar se ele está se sentindo bem. Se a resposta for negativa, deve-se repetir o procedimento com a convicção de que a energia está sendo transferida.

Tenho utilizado esta técnica com muita frequência, principalmente quando o médium entra em sintonia com uma determinada energia e, não conseguindo transmutá-la, ingressa no processo de ressonância magnética, ou seja, quando o médium capta uma frequência energética e, por qualquer motivo, não a manifesta verbalmente. Nesse caso, o médium permanece com a frequência em seu campo energético, mesmo que a entidade ou energia tenha recebido tratamento por outro médium.

É comum médiuns recém-iniciados no trabalho de apometria não verbalizarem o que estão sentindo por várias razões, e uma delas, talvez a principal, seja acreditar que o pensamento que lhes vem à mente é deles, por isso entendem não ser necessário expor para o grupo e permanecem calados. Nesse caso, como o médium entrou em sintonia com a entidade ou campo energético e não materializou a ideia por meio da verbalização, continua na frequência com as sensações da energia que foi atendida. No campo astral, quando o trabalhador capta uma energia e não se dispõe a materializá-la, a equipe espiritual imediatamente passa a frequência para outro médium a fim de não impedir que o tratamento aconteça. Desse modo, o médium que não falou fica impregnado com o tipo da energia captada e com os sintomas. Em geral, são desconfortáveis: enjoo, dor de cabeça, pressão no peito etc.

Essa técnica apresenta melhor desempenho quando o dirigente toca no médium e, ao mesmo tempo, o grupo de trabalhadores forma uma corrente de mãos dadas, fechando o circuito com o dirigente e envolvendo o médium.

SEXTA LEI — CONDUÇÃO DO ESPÍRITO DESDOBRADO DO ASSISTIDO ENCARNADO PARA HOSPITAIS DO PLANO ASTRAL

"Espíritos desdobrados de assistidos encarnados somente poderão ser encaminhados a hospitais do plano astral se estiverem livres de peias magnéticas."

TÉCNICA – Para encaminhar um assistido ao plano astral, em especial para hospitais espirituais, deve-se primeiramente limpá-lo e livrá-lo de qualquer tipo de peias ou amarras magnéticas colocadas por obsessores ou por ele próprio, com sua mente enferma. Para tanto, deve ser dado o comando em voz alta, com contagem, e sua limpeza deve ser determinada por meio de tratamento adequado que se completará automaticamente. Em nosso grupo de trabalho, utilizamos a cromoterapia e ainda a troca de vestes, colocando um manto divino no assistido e procedendo, em seguida, à reconstituição de seus corpos, com aplicação da energia prateada também sob contagem e impulsos energéticos.

Passes habituais em casas espíritas são de grande auxílio, mas não são eficientes como tratamento. Servem como preparação do assistido para o tratamento definitivo.

SÉTIMA LEI — AÇÃO DOS ESPÍRITOS SOCORRISTAS SOBRE OS PACIENTES DESENCARNADOS

"Espíritos socorristas atuam com mais facilidade sobre os assistidos se estiverem na mesma dimensão e, para tanto, necessitam estar desdobrados."

TÉCNICA – Desdobrados os corpos dos assistidos por meio de pulsos energéticos e contagem, como vimos anteriormente, o dirigente solicita aos médiuns que transmitam as informações da equipe socorrista quanto ao diagnóstico, bem como o procedimento adequado para o tratamento. Cada trabalhador sente ou enxerga uma fração da situação e a soma das ideias de todos completa o quadro.

OITAVA LEI — AJUSTAMENTO DE SINTONIA VIBRATÓRIA DE DESENCARNADOS COM O MÉDIUM OU OUTROS ESPÍRITOS E/OU AMBIENTES PARA ONDE FORAM MOMENTANEAMENTE ENVIADOS

"Pode-se fazer a ligação vibratória de espíritos desencarnados com o médium ou entre espíritos desencarnados, bem como sintonizar esses espíritos com o meio onde foram colocados para que percebam e sintam a situação vibratória desses ambientes."

TÉCNICA – Projetam-se impulsos energéticos com contagem progressiva ao mesmo tempo que se determina a ligação psíquica. Emitidos por contagem, os impulsos energéticos fazem variar a frequência do médium, como acontece em um aparelho de rádio, quando giramos o dial até estabelecer ressonância com a estação emissora que desejamos.

Essa técnica é fundamental para efetuar a ligação com espíritos que lutam para não se comunicar, ou seja, estão presentes no ambiente e tentam se esconder para evitar a comunicação.

Tenho utilizado com frequência essa técnica, acrescentando a harmonização dos chacras: coronário, cardíaco e esplênico. Com contagem seguida de impulsos energéticos, determino a harmonização dos chacras, depois o ajuste de frequência, seguido da aproximação e, finalmente, a acoplagem que, em geral, acontece sem muita dificuldade.

Quando o contato do médium é feito com espíritos enfermos, sofredores ou maldosos, portanto de baixo padrão vibratório, devemos utilizar a técnica de revitalização dos médiuns, descrita na quinta lei, assim que a desconexão acontece.

Mesmo com todo amor, respeito e ética que empenhamos nos diálogos com os espíritos que doutrinamos, sempre nos deparamos com espíritos vingativos, revoltados, que não admitem interferência em sua conduta. Nesses casos, determinamos um ajuste dos espíritos com o ambiente para que entrem em sintonia com as vibrações negativas que estão emitindo. Tão logo iniciamos a contagem com impulsos energéticos, a sintonia fica estabelecida e, a partir de então, o espírito passa a sentir toda a carga energética do padrão que emite. Para tanto, ele é enquadrado em uma pirâmide com espelhamento interior para que toda a carga energética produzida retorne para ele próprio imediatamente. Nesse instante, constrangido pela dor que causa a si mesmo, tende a mudar sua conduta e passa a interagir no diálogo com o dirigente.

> **COMENTÁRIO**
> Algumas correntes da doutrina espírita não aprovam esse procedimento por entender que, nos diálogos de doutrinação com base nessa técnica, estamos interferindo no livre-arbítrio dos espíritos com nosso julgamento. Eu entendo que, para auxiliar um ignorante num assunto fora do seu alcance de entendimento, tudo é válido, desde que tenhamos como premissa, no coração, o desejo intenso de trazê-lo à realidade das leis universais.

Com essa técnica, mostramos que temos uma força maior do que a dele — a única linguagem que ele entende e aceita. A partir do momento que ele tem ciência de que somos mais poderosos, com certeza passa a nos ouvir. Então, imediatamente aplicamos as técnicas de regeneração dos corpos e tratamento por cromoterapia. Tão logo esteja refeito, passa a compreender nossa verdadeira intenção e começa a colaborar no processo. Nesse instante, trazemos a presença de sua referência de amor e, ao reconhecê-la, o trabalho se completa por si só. Essa referência de amor em geral se apresenta na figura de entes queridos de sua última encarnação, tais como mãe, filhos, cônjuge, mestre etc.

Em geral, esses seres perderam a capacidade de amar, pensam que Deus não mais existe e que estão abandonados à própria sorte. Quando sentem a presença da família, sua referência de amor vivenciado em sua última encarnação, o quadro muda radicalmente. Tenho visto cenas de muita emoção quando esses espíritos se reconhecem como filhos de Deus. Geralmente, o ambiente é tomado por uma emoção indescritível e quase todo o grupo se comove, chegando a chorar.

NONA LEI — DESLOCAMENTO DE UM ESPÍRITO NO ESPAÇO-TEMPO

"Se dermos a ordem a um espírito incorporado de voltar a determinada época do passado, acompanhada da emissão de impulsos energéticos e contagem, ele retornará à época que lhe foi determinada."

TÉCNICA – Toda vez que se ordena a um espírito, encarnado ou desencarnado, que retorne ao tempo passado, ele se desloca instantaneamente à época estabelecida mediante contagem pausada e aplicação de impulsos energéticos.

Essa técnica é utilizada quando é necessário mostrar ao espírito assistido seu comportamento no passado, as vivências com suas vítimas, sua crueldade e os acontecimentos traumáticos, para esclarecer sobre a lei de ação e reação.

A aplicação em encarnados visa mostrar a origem de seus desequilíbrios que atuam na encarnação presente com a finalidade de superá-los.

Em casos de tratamentos em magos negros, essa técnica facilita a ação dos seus mestres iniciáticos, retirando seus poderes e anulando os campos energéticos que receberam em cerimônias de iniciação.

A ação é imediata e eficaz. O espírito consegue enxergar a situação real e recebe um choque que o faz retornar aos princípios das leis universais, reconhecendo-se como filho de Deus.

> **IMPORTANTE**
>
> *Ao utilizar essa técnica, é necessário fazer o retorno ao tempo presente para finalizar o atendimento e, se necessário, completar com outros procedimentos requeridos pelo caso.*

DÉCIMA LEI — DISSOCIAÇÃO DO TEMPO-ESPAÇO

"Com contagem e aplicação de impulsos energéticos e determinação de acelerar o fator tempo, colocamos um espírito incorporado no futuro, que sofre um salto quântico e se coloca em região astral compatível com seu campo vibratório e peso específico cármico negativo, ficando exposto à ação de toda energia cármica negativa de que é portador."

TÉCNICA – Por meio de contagem e impulsos energéticos, projetamos energia magnética sobre o espírito incorporado, e a ele é dado o comando para saltar ao futuro.

> **COMENTÁRIO**
>
> Segundo o doutor Lacerda, essa técnica só deve ser utilizada com espíritos desencarnados, com o propósito de esclarecimento. Apesar de parecer constrangedor, não há nenhum prejuízo para o médium que incorpora o espírito assistido, mas sim resultados positivos imediatos quanto à mudança de comportamento do espírito, que reconhece imediatamente a sua conduta.

A projeção acelerada ao futuro por saltos quânticos permite ao espírito assistido sentir o peso da carga energética cármica atuando sobre si. Em contato com mundos hostis e entidades de baixíssima vibração energética, percebe-se que o peso cármico que receberia de forma paulatina através do tempo afeta imediatamente o seu campo vibratório de forma drástica e contundente, já que essas energias encontram-se acumuladas e recaem sobre ele de uma só vez.

O retorno do espírito incorporado para o presente deve ser feito com cuidado, lentamente, com contagem e impulsos energéticos.

> **RECOMENDAÇÃO**
> *Não se aconselha utilizar essa técnica com espíritos encarnados incorporados. Os resultados obtidos não são satisfatórios. Parece haver uma barreira que impede a projeção ao futuro com a mesma facilidade dos espíritos desencarnados.*

DÉCIMA PRIMEIRA LEI — AÇÃO TELÚRICA SOBRE ESPÍRITOS DESENCARNADOS QUE EVITAM A ENCARNAÇÃO

"Sempre que um espírito desencarnado, com inteligência e mente forte, consegue resistir à lei de reencarnação e consegue evitar a aplicação dessa lei sobre si mesmo por um longo período de tempo, começa a sofrer a atração da massa planetária em sintonia lenta e progressiva com o planeta. Sofre expressiva diminuição do padrão vibratório exercido pelo planeta sobre ele que, por sua vez, deteriora a forma do espírito e tudo que o cerca. A deformação e a destruição acontecem num processo lento e progressivo."

TÉCNICA – Na verdade é uma reação à ação do espírito de evitar a reencarnação por motivos mesquinhos de poder e domínio sobre desencarnados e encarnados. A ação é automática e se abate sobre todos os que burlam a lei da reencarnação em benefício próprio. O dirigente age apenas alertando o espírito transgressor das leis cósmicas. Pode fazê-lo por meio da construção de um espelho energético ou da autovisão do estado ao qual está sendo levado por sua ação maléfica.

COMENTÁRIO

Todos que burlam as leis universais são punidos pela própria ação automática do planeta. Seres com inteligência e poder mental que utilizam seus conhecimentos para evitar o processo evolutivo natural através da reencarnação e preferem permanecer longo período pelas regiões do umbral, exercendo seu poder de domínio e tirania sobre espíritos encarnados e desencarnados, e prejudicando sua própria evolução, são atraídos à massa do planeta, afundando-se em trágico retrocesso.

DÉCIMA SEGUNDA LEI — CHOQUE DO TEMPO

"Toda vez que levarmos ao passado um espírito desencarnado incorporado em um médium, ele ficará sujeito a outra equação de tempo. Nessa situação, cessa a contagem de tempo que conhecemos, ficando o fenômeno temporal atual sobreposto ao passado."

TÉCNICA – O dirigente aplica impulsos energéticos com contagem lenta, determinando a volta ao passado, na equação de tempo necessária ao procedimento.

COMENTÁRIO

Quando falamos em voltar ao passado ou ir para o futuro, há necessidade de compreender o binômio espaço-tempo de nosso presente e aceitar que esse fenômeno não se aplica à dimensão astral. Em trabalhos espirituais, encontramos vários espíritos vivendo em tempos remotos que não perceberam a passagem do tempo. Ainda se apresentam com as vestes e os hábitos de seu tempo de encarnação, do momento da morte de seu corpo físico.

> **IMPORTANTE**
> *Conforme explicação do doutor Lacerda, o deslocamento para o passado cria tensão de energia potencial entre a situação presente e o passado. Enquanto o espírito estiver acoplado ao médium, ele ficará protegido e sentirá somente as sensações que lhe foram impostas na nova situação. Entretanto, se houver um desacoplamento brusco, o espírito perderá essa proteção e ficará "solto" pelo espaço na outra dimensão espaço-tempo. Receberá, então, a carga total da energia potencial criada pelo deslocamento e, nessa situação, se tornará suscetível a uma espécie de "coma". Por essa razão, é necessário realizar a contagem de pulsos magnéticos de forma pausada até o retorno ao presente.*

DÉCIMA TERCEIRA LEI — INFLUÊNCIA DOS ESPÍRITOS DESENCARNADOS, EM SOFRIMENTO, VIVENDO AINDA NO PASSADO, SOBRE O PRESENTE DOS DOENTES OBSEDIADOS

"Tratamentos de desobsessão não alcançam êxito em pessoas doentes que ainda tenham ligação com espíritos em sofrimento do passado. O assistido apresentará períodos de melhora seguidos de outros de profunda depressão ou de agitação psicomotora."

TÉCNICA – Antes de tudo, deve-se atender aos espíritos que estiverem ao redor do assistido e encaminhá-los para hospitais do astral para dar continuidade ao tratamento até obter sua recuperação total.

Uma das formas de realizar esse procedimento é determinando a formação de um bolsão magnético por meio de contagem progressiva e impulsos energéticos, captando todos os espíritos presentes ligados ao assistido.

Executar o procedimento que cada caso requer, da forma habitual, utilizando as técnicas adequadas em cada um. Para finalizar a preparação, antes de encaminhar ao hospital do astral, as vestes devem ser trocadas; um manto divino é colocado e seus corpos sutis são refeitos da cabeça aos pés.

COMENTÁRIO

Com espíritos obsessores rebeldes, que perseguem suas vítimas sistematicamente utilizando-se de legiões de espíritos vingadores, inclusive magos negros, o trabalho não se realiza com um simples diálogo, como se faz habitualmente em casas espíritas tradicionais. Para obter eficiência no atendimento, é necessário encaminhá-los a um destino específico e não deixá-los soltos após o tratamento.

Lembramos ainda que a cura do assistido somente se dará por definitivo quando ele mudar sua conduta, vivenciando as leis universais e praticando as máximas ensinadas pelo Cristo. Assim, ele criará um campo vibracional protetor que o tornará imune aos ataques conscientes ou inconscientes desse gênero.

5 | DISTÚRBIOS ESPIRITUAIS

INDUÇÃO ESPIRITUAL OU OBSESSÃO SIMPLES[1]

Trata-se da atração de um espírito desencarnado pelo encarnado por ressonância magnética, ou seja, afinidade de padrão vibratório. O espírito que ainda vive na crosta terrestre, mesmo sem o corpo físico, necessita da energia vital para continuar a viver no planeta. Para isso, aproxima-se do ser encarnado por sintonia vibratória a fim de extrair-lhe a energia.

Essa não é uma ação maléfica, com a intenção de causar o mal, mas sim de sobrevivência. E a sintonia acontece por padrão vibratório. Pessoas que têm compromissos que não entendem com a espiritualidade (mediunidade), e nem procuram entender, são verdadeiros hospedeiros desses espíritos, que lhes sugam as energias e causam mal-estar e perda de energia.

A obsessão simples é muito comum e acontece frequentemente em famílias apegadas às tradições. Quando um integrante da família desencarna e o restante dos familiares fica clamando sua presença por saudade, o espírito do falecido se liga por sintonia vibratória ao parente de maior afinidade. Isso é muito comum em casos de viuvez em casamentos longos.

Médiuns de cura, pessoas com grande poder magnético que têm como compromisso doar sua energia em benefício do próximo e, por ignorância, não realizam sua função, são geralmente hospedeiros em potencial de espíritos ignorantes que desencarnaram com problemas de saúde. Ao desencarnarem, esses espíritos continuam com os sintomas da doença e, ao sintonizarem com pessoas que têm a capacidade de doação energética, sentem-se bem e ali permanecem até que sejam esclarecidos.

OBSESSÃO ESPIRITUAL

Obsessão é a ação persistente que um espírito ignorante exerce sobre uma pessoa. Trata-se da ação contínua de um espírito sobre o outro e implica sempre ação consciente e volitiva com objetivos claros, visando a fins e efeitos bem definidos. Pode se apresentar desde a simples influência moral, sem sinais exteriores, até a perturbação completa do organismo e das faculdades mentais do obsedado. Pode ainda se apresentar independentemente do estado do encarnado ou desencarnado como uma ação premeditada e planejada, às vezes com requintes de sofisticação, que constitui a grande causa das enfermidades psíquicas.

PSEUDO-OBSESSÃO

É a ação de encarnado sobre encarnado, embora possa existir a pseudo-obsessão entre desencarnado e encarnado.

É muito comum se apresentar em pessoas de personalidade forte, dominadoras, egoístas, que sujeitam a família à sua vontade e tirania. Aliás, isso não ocorre só na família, mas também na relação profissional entre chefe e patrão, por exemplo.

Em períodos de trégua e calmaria, as pessoas normalmente se relacionam amigavelmente, em estado de vigília. Porém, mesmo nesses períodos, ao adormecerem, o elemento dominador desprende-se do corpo para sugar as energias vitais do corpo físico do elemento dominado.

Apresenta-se também em pessoas dominadoras que utilizam a sutileza para manipular suas vítimas. É muito comum em pessoas ciumentas e possessivas nos relacionamentos amorosos, assim como nas relações de mãe e filho.

A pseudo-obsessão ocorre de desencarnado para encarnado quando o desencarnado é muito ciumento e possessivo. Mesmo com a morte do corpo físico, não compreende a vida após a morte e continua a assediar o encarnado.

AUTO-OBSESSÃO

Os casos de auto-obsessão são mais comuns do que se imagina. Ocorrem quando a própria pessoa está se obsedando. Pessoas manipuladoras, controladoras e racionais têm forte tendência à auto-obsessão. Elas decidem tudo com critério lógico e pouco se permitem sentir e intuir. Todas as reações de seu corpo físico são de natureza racional e pouco ou quase nada sentem do mundo astral.

Nem os médiuns atuantes e com grande conhecimento espiritual escapam da auto-obsessão. Já atendi inúmeros casos, em meu consultório, de médiuns experientes que se encontravam mergulhados em processos auto-obsessivos e iam ao instituto buscar tratamento. Como pode acontecer isso?

Quando reencarnamos, trazemos em nosso inconsciente um programa que contém a nossa missão de vida e, para realizá-la, necessitamos usar a nossa sensibilidade. Porém, como recebemos uma educação formadora de paradigmas que só fortalece nosso ego, afastamo-nos do nosso programa original e passamos a decidir os passos da nossa caminhada terrena por meio da razão.

O Eu Divino, onde mora a consciência superior, armazena os dados desse programa. Quando a pessoa é muito racional, não consegue ouvir "a voz do coração", mas a sua consciência interior providencia logo sua recolocação nos trilhos da sua caminhada. Como não entende de outra forma senão pela razão, ela passa a se boicotar. É uma batalha entre a cabeça e o coração. Isso é compreensível até para quem é lógico, pois, não conseguindo ouvir a voz interior que a chama para quebrar paradigmas e abrir a consciência para novos conceitos, começa a atrapalhar sua vida ao seguir os conceitos que mais valoriza, dentre eles a saúde, o amor e o dinheiro.

Pessoas racionais têm valores bem definidos pelo aspecto material, não conseguem mudar seus paradigmas com facilidade e acabam perdendo o controle sobre a própria vida, o que para elas é extremamente complicado. Então, quando tudo desmorona, declaram-se vencidas e buscam ajuda externa fora dos padrões convencionais. A maioria dos casos desse tipo encontra equilíbrio quando estuda e aceita seu compromisso mediúnico, colocando-se à disposição do trabalho espiritual.

Conforme instruções recebidas da equipe espiritual que nos dirige, procuro formar o maior número de grupos possível para os atendimentos apométricos. Não há uma regra que determine o número exato de participantes em cada grupo. As minhas experiências mostram, ao longo de todos esses anos, que, quanto menor o número de participantes, maiores as chances de realizar um trabalho equilibrado. Em geral, organizo os grupos com três ou quatro trabalhadores para cada dirigente.

Observei que grupos com cinco ou mais trabalhadores tendem a dificultar o desenvolvimento dos trabalhos, estendendo-se nos atendimentos sem necessidade. Quanto mais trabalhadores, maior a possibilidade de surgirem inconvenientes para o dirigente, que precisa redobrar a atenção para evitar manipulação energética durante a sessão. Em número reduzido, a dispersão de sintonia é mais difícil.

Médiuns que ainda lutam com suas dificuldades para sintonizar-se no grupo e aceitarem o trabalho como ele é, e não do jeito que pensam que deve ser, geralmente se transformam em espectadores no grupo, gerando instabilidade energética.

Trabalhadores iniciantes, que ainda têm dificuldade de expressar o que sentem, tendem a ficar "quietinhos no seu canto" para não serem notados. Em geral, quando entram em sintonia com a energia a ser tratada, não se manifestam por inibição e acabam prendendo a sintonia consigo, gerando um processo de ressonância magnética. O resultado disso é um mal-estar de grande intensidade que exige do dirigente e dos demais componentes do grupo atendimentos desnecessários, dificultando e atrasando os trabalhos.

Devemos lembrar que a apometria é uma técnica terapêutica que pode ser desenvolvida a partir de um único trabalhador e um dirigente. Já utilizei somente um trabalhador sob minha direção em inúmeros casos emergenciais e obtive êxito nos resultados.

Minha experiência demonstra que a formação de grupos com três ou, no máximo, quatro médiuns e um dirigente é muito eficiente.

A vantagem de dividir os trabalhadores em maior número possível de grupos é agilizar os trabalhos, diminuir o tempo de atendimento e tornar os encontros mais confortáveis para todos. É preciso levar em conta que os trabalhos são realizados normalmente no período noturno, quando os trabalhadores, em sua maioria, já estão cansados após um longo dia de trabalho, e com seus compromissos profissionais os aguardando no dia seguinte. Portanto, quanto mais evitarmos desgastes desnecessários, melhor.

PROCESSOS CÁRMICOS NÃO OBSESSIVOS

Quando vivenciamos paixões avassaladoras e descontroladas de encarnações anteriores, é natural que situações antiéticas de toda espécie fiquem impregnadas em nosso campo espiritual, deixando marcas profundas por causa da desarmonia psíquica oriunda das nossas decisões (livre-arbítrio). Essas situações redundam do mal em si mesmo e de outros envolvidos em nossa trajetória de vida. Os bloqueios energéticos ficam enraizados em nosso perispírito e exteriorizam-se sucessivamente em novas encarnações na forma de deficiências ou enfermidades complexas ao longo de várias vidas, até que consigam dissipar-se pela compreensão e mudança de comportamento diante de situações semelhantes.

Esses processos cármicos mostram a extensão de uma dívida moral, que necessita do trabalho reconstrutivo na seara do bem para agir em benefício do próprio reequilíbrio espiritual. Esses casos se apresentam por meio de deficiências físicas congênitas, cardiopatias congênitas, ausência de membros, deficiência visual ou auditiva, além das manifestações mentais patológicas, como autismo, síndrome de Down, esquizofrenia etc. Esses casos não devem ser confundidos com depressão, que, mesmo acentuada e complexa, é um mal causado por nossas escolhas durante a encarnação presente.

SIMBIOSE

Por simbiose entende-se a associação biológica harmônica, e às vezes necessária, de seres vivos com benefícios recíprocos. A simbiose espiritual segue o mesmo princípio e pode acontecer entre encarnados e desencarnados.

O meio mais comum de identificar esse quadro é com "leitores de sorte", isto é, pessoas que se colocam à disposição para realizar trabalhos do tipo: "amarração do amor", prometendo trazer a pessoa amada de volta independentemente da sua vontade. Enfim, pessoas que manipulam energias em benefício de alguém sem respeitar o livre-arbítrio do outro. Esses profissionais da espiritualidade têm ao seu dispor uma equipe que pratica trabalhos no campo espiritual para a realização de seus mínimos desejos. Em troca, recebem as energias vitais de que carecem para continuar em seu campo de atuação no planeta.

Nem sempre essas pessoas acionam seus dons proféticos com facilidade, mas a equipe espiritual que lhe presta serviços passa-lhes as intuições necessárias para o atendimento do consulente. Essa é a troca simbiótica que atende às necessidades de ambos, tanto do encarnado, que continua atuando como "profeta", como dos desencarnados, que recebem seu quinhão de energia vital.

PARASITISMO

Na visão da biologia, parasitismo é o fenômeno em que um ser vivo extrai diretamente de outro ser vivo (hospedeiro) os elementos indispensáveis para a formação e construção do seu protoplasma. Na visão espiritual, implica a viciação do parasita (desencarnado) em relação ao hospedeiro (encarnado).

Esses casos são conhecidos como "encosto". Os desencarnados podem estar ligados ao encarnado por simples afinidade de padrão vibratório, assim como podem ser elementos instalados na vítima por equipes espirituais comandadas por magos negros em casos de obsessões complexas, tais como aparelhos ou chips de monitoramento. Geralmente, são encontrados em processos de magia negra.

No "encosto", o sistema é mais simples de ser desligado em razão da ignorância do desencarnado, que se beneficia da energia vital do encarnado para simples sobrevivência no planeta. A partir do esclarecimento do parasita, o hospedeiro é libertado da ação. Esses obsedados apresentam cansaço, desânimo e, mesmo dormindo muito, acordam sempre cansados, necessitando de mais horas de sono.

Nos processos de magia negra, o desligamento implica sempre procedimentos apométricos mais complexos. Para desligamento dos aparelhos instalados, em geral, os assistidos passam por cirurgias espirituais quando são removidos. Trata-se de aparelhos sofisticados que estão acima da nossa compreensão terrena.

Pode ocorrer mais de uma cirurgia até que todos os implantes sejam retirados porque, muitas vezes, o assistido não resistiria à retirada total dos equipamentos em uma única sessão. A equipe de magia — espíritos com várias funções que mantêm os equipamentos funcionando, guardiões que vigiam os aparelhos e toda a hierarquia sob o comando do mago negro — é atendida após a cirurgia para esclarecimento e posterior encaminhamento, normalmente para os hospitais do plano astral.

Depois de destruída a base de operações do grupo, acontece o resgate do próprio mago negro, que recebe a oportunidade divina de voltar a viver dentro das leis universais.

VAMPIRISMO

A diferença entre vampirismo e parasitismo está na intensidade da ação nociva do vampirismo. A definição que conhecemos de vampiro é: toda entidade ociosa que se vale das possibilidades alheias. Os vampiros que visitam os encarnados cumprem seus objetivos a qualquer hora, desde que encontrem respaldo nas vítimas encarnadas.

No mundo corpóreo, encontramos espécies de vampiros inescrupulosos que se aproveitam das situações e da inocência de alguns em benefício próprio, sem levar em conta o respeito pelo outro. Acontece constantemente no mundo corporativo, onde a competição pelo poder ultrapassa todos os limites da ética nos vários escalões de nossa sociedade.

A definição de vampirismo na obra "Missionários da Luz", do espírito André Luiz é: "Sem nos referirmos aos morcegos sugadores, o vampiro, entre os homens, é o fantasma dos mortos, que se retira do sepulcro nas altas horas da noite para alimentar-se do sangue dos vivos. Não sei quem é o autor de semelhante definição, mas, no fundo, não está errada".

6 | O ATENDIMENTO EM APOMETRIA

QUEM PRECISA DE APOMETRIA?

Em geral, as casas de apometria que conhecemos utilizam um sistema de entrevistas em que o candidato a tratamento é avaliado por uma pessoa, sensitiva ou não, mediante preenchimento de uma ficha (espécie de ficha de anamnese). Para que a avaliação se complete e o tratamento seja definido, é necessário responder a todas as perguntas que constam na ficha.

Os tratamentos realizados nos atendimentos ficam registrados por escrito, com os seguintes dados: o grupo que atendeu, a data, os tipos de atendimento realizados, tais como presença de energia intrusa (obsessor) ou tratamento de níveis ou corpos sutis, bem como as consequências do tratamento e a abordagem realizada com as entidades.

Quando o assistido retorna para o atendimento seguinte, o grupo de atendimento, em geral o dirigente, faz uma leitura inicial do ocorrido no último encontro e, a partir daí, segue com os trabalhos normalmente. No instante em que ele recebe alta, a ficha é arquivada para futuras consultas, caso o paciente retorne para novos tratamentos.

Em nosso trabalho, utilizamos um procedimento diferente. Pelo fato de sermos conhecedores da técnica de radiestesia, utilizamos essa poderosa ferramenta para identificar a origem das obsessões. Auxiliados por um psicogerador, nome original dado pelo professor Juan Ribaut para sua invenção, que depois se popularizou como mesa radiônica, o trabalho de identificação da origem do distúrbio ficou muito mais fácil.

Na pesquisa de diagnóstico, utilizamos a "mesa quantiônica", um psicogerador desenvolvido especialmente para atuar nos campos espirituais mais sutis, desenvolvida a partir da radiestesia/radiônica.

Nessa avaliação inicial do assistido, temos condições de identificar pontos fundamentais para diagnosticar a necessidade do tratamento por apometria e outras terapias complementares que possam auxiliá-lo a encontrar o caminho da cura mais rapidamente. Identificamos com facilidade trabalhos de magia negra e/ou presença de obsessores, assim como os níveis de obsessão em que se encontra o candidato a tratamento, casos de auto-obsessão ou outro diagnóstico qualquer. Isso porque a radiestesia é a técnica mais precisa de pesquisa que conhecemos. Quando trabalhamos com o pêndulo junto com a mesa quantiônica, estamos fazendo, na verdade, uma leitura dos corpos sutis da pessoa, que é completamente diferente do sistema de ficha utilizado em outras casas, em que o candidato diz o que ele acha que está acontecendo.

A avaliação é muito mais eficiente quando a leitura é realizada nos corpos sutis, onde está a origem das informações com riqueza de detalhes. Observamos que muitos casos de distúrbios emocionais que podem, mas não precisam, ser tratados por apometria acabam sendo indicados para tal porque não são realizados com o auxílio da radiestesia. Tantos outros diagnósticos têm resultados equivocados em razão da influência que o entrevistador recebe do entrevistado. É preciso ressaltar que muitas pessoas que procuram a apometria são desequilibradas e altamente manipuladoras, e, com suas características, interferem facilmente na decisão de quem as entrevista.

Quando trabalhamos com a radiestesia e a mesa quantiônica, o entrevistado simplesmente diz o seu nome e data de nascimento. O restante das informações referentes aos seus corpos sutis é passado para o avaliador através da mesa e, portanto, não há a possibilidade de interferências energéticas na consulta. Treinamos adequadamente nossa equipe de trabalhadores em radiestesia e quantiônica para que a triagem de nossos assistidos seja realizada com informações precisas.

Dias depois, quando o assistido entra na sala de atendimento, praticamente todo seu mistério já foi revelado na leitura feita durante a entrevista, o que facilita aos médiuns captarem as energias que envolvem o assistido, seja de seus corpos sutis ou de intrusos, tornando o trabalho eficiente e rápido.

Não fazemos fichas de anamnese, tampouco registramos qualquer informação sobre os atendimentos realizados. Cada grupo inicia o trabalho a partir da identificação astral da pessoa presente na sessão, ou nos trabalhos de ponte, quando a pessoa mentaliza o assistido. A partir desse instante, as equipes socorristas trabalham fluidicamente, ajustando a sintonia entre as partes, e os atendimentos são realizados a partir da informação e direção dos trabalhadores espirituais.

Acreditamos que possa haver influência nos atendimentos quando o dirigente recebe antecipadamente qualquer informação sobre o que foi realizado antes pela leitura da ficha de anamnese. Assim, é possível que o atendimento seguinte nada tenha a ver com as informações do atendimento anterior.

Vale destacar um fato que ocorreu certa vez, quando eu ainda trabalhava em uma casa que utilizava o método das fichas. Na informação do atendimento anterior, haviam mencionado a presença de um mago negro e recomendava-se, na ficha, que no próximo atendimento isso fosse observado. Como dirigente disciplinado que era, segui as normas da casa e assim procedi. Abri os trabalhos solicitando aos médiuns que observassem a sintonia de alguma presença no ambiente. Os trabalhadores, seguindo minha orientação, buscavam a sintonia de um mago negro, conforme a informação recebida na ficha, mas estava difícil a conexão com o mundo espiritual. Depois de aproximadamente quarenta minutos de tentativas vãs, resolvi parar tudo e retornar nossa ligação de frequência com os dirigentes do Hospital Amor e Caridade, que nos dirigia. Em poucos segundos, uma das médiuns captou a informação de que havia uma entidade bondosa que se divertia com a situação. Em sua forma gentil e amorosa, informou-nos de que não havia nenhum mago negro, já que o assistido passava por um processo de auto-obsessão. Foi uma decepção geral entre nós, mas aprendemos uma lição importante naquele dia, ou seja, que nos mostramos de forma horripilante para nós mesmos quando precisamos enxergar que estamos desviando nossa trajetória de vida do caminho proposto originalmente.

A partir desse dia, eu, como dirigente, passei a abolir o sistema de leitura das fichas do assistido, bastando que ele dissesse o nome e a data de nascimento para identificá-lo energeticamente. Assim, a direção dos trabalhos ficaria literalmente por conta dos trabalhadores espirituais.

TRATAMENTOS A DISTÂNCIA

Temos realizado inúmeros trabalhos de atendimento sem a presença do assistido com absoluto sucesso. São realizados em dois casos:

- por ponte;
- por testemunho.

No entanto, esses trabalhos são realizados apenas em casos específicos e autorizados pelo plano espiritual a partir da consulta na mesa quantiônica. São casos em que a pessoa mora em outra cidade, estado ou país, ou em que existe impossibilidade de locomoção. Já aconteceu de o plano espiritual solicitar a presença do assistido para o atendimento, mesmo morando em outro estado ou país. Nesses casos, mesmo quando indicados pela mesa quantiônica, prevalece a orientação espiritual, mas ratificamos que é raríssimo acontecer informações distorcidas entre a espiritualidade e o diagnóstico quantiônico.

ATENDIMENTOS POR PONTE

É necessária a presença de uma pessoa que tenha afinidade com o assistido, e a permissão dele, para que o trabalho seja realizado. Assim, a essa pessoa faz o papel do assistido, identificando-o ao verbalizar o seu nome e data de nascimento, e então pedimos que mentalize a pessoa a ser tratada.

O assistido, por sua vez, em dia e horário marcados, deve permanecer em repouso em sua residência, de preferência em oração ou fazendo uma leitura edificante. Solicitamos que permaneça em isolamento e não atenda a telefonemas ou visitas. O objetivo é estar conectado com o grupo de atendimento.

ATENDIMENTO POR TESTEMUNHO

Nesse caso, fazemos a avaliação do assistido na mesa quantiônica e identificamos a real necessidade de tratamento por apometria por meio de um testemunho, normalmente uma fotografia ou o nome completo e data de nascimento. Esse é um procedimento comum para quem conhece radiestesia.

Já no atendimento, o assistido é representado pela fotografia, que é passada para todos os trabalhadores para o ajuste da frequência vibratória e estabelecimento da sintonia do grupo com o assistido. Em seguida, prosseguimos com os procedimentos normais.

O assistido também é orientado a permanecer em repouso e na frequência do trabalho no dia e horário determinados.

Caso haja necessidade de retorno, o procedimento é o mesmo indicado para o assistido presencial.

PRIMEIRO ATENDIMENTO

Quando o assistido comparece para o seu primeiro atendimento, ele se senta em uma cadeira de frente para o grupo de trabalhadores. O dirigente pede que ele se identifique, dizendo seu nome completo e data de nascimento; em seguida, ele é informado de que o tratamento de apometria requer sua atenção fervorosa, e que ele deve fazer uma prece silenciosa para se ligar naquilo em que mais acredita. Prosseguindo, é dito que a sua participação é a mais importante do trabalho, por se tratar de sua própria vida, e o resultado depende de sua fé. A atuação dos trabalhadores é mínima, servindo apenas como instrumentos da equipe espiritual, que coordenará o procedimento. O dirigente pede, ainda, que o assistido procure não prestar atenção no desenrolar do atendimento. Para isso, ele é orientado a fazer uma viagem em pensamento para um lugar onde goste de estar e lá permaneça até o final dos trabalhos, a fim de não entrar em sintonia direta com os médiuns, o que, aliás, é muito comum.

Em alguns casos, apesar de todas as explicações, somos obrigados a retirar o assistido da sala quando há muita interferência sobre os trabalhos. Pedimos, então, que ele se retire para uma sala isolada para desviar sua sintonia, e retorne ao final do atendimento.

Continuando, pedimos ao Hospital Amor e Caridade — entidade na dimensão astral com a qual trabalhamos — que nos oriente com as fichas e os arquivos do assistido, determinando ainda a abertura de seus níveis, subníveis e suas faixas evolutivas. Procedemos com o desdobramento de seus corpos sutis em direção ao Hospital Amor e Caridade, com contagem pausada e pulsos magnéticos (estalar dos dedos). A partir daí, solicitamos aos trabalhadores que ajustem a sintonia com o caso e procedam a uma varredura (rastreamento) num ângulo de 360°, pesquisando as possíveis manifestações energéticas no ambiente. A partir desse instante, iniciam-se os trabalhos com os médiuns, trazendo para a nossa dimensão os campos energéticos que precisam de tratamento ou orientação e aplicando as técnicas e leis necessárias da apometria para o atendimento.

Tenho percebido, ao longo de todos esses anos de trabalho, que, em geral, no primeiro atendimento, quando se trata de auto-obsessão, há uma tendência para manifestação de níveis, subníveis e corpos sutis em desequilíbrio. E quando se trata de trabalho de magia negra, as primeiras captações e consequentes manifestações são dos "tomadores de conta", que se encontram na periferia do assistido (explicaremos mais adiante, em um capítulo específico, a função dos "tomadores de conta").

Em casos de obsessões mais simples, quando o assistido está se autoboicotando para mudar sua postura de vida, aparecem manifestações dos níveis e corpos sutis.

PARA FINALIZAR O ATENDIMENTO

Quando os trabalhadores não conseguem captar mais nenhuma sintonia energética, pergunto se posso encerrar o atendimento. Se a resposta for afirmativa, sempre insisto que todos os trabalhadores concordem e, sendo unânimes, procedo ao reacoplamento dos corpos do assistido ao mesmo tempo em que comando, sob pulsos energéticos e contagem lenta, a devolução de suas fichas e seus arquivos ao Hospital, o fechamento de suas faixas e seus níveis, bem como a harmonização de seus chacras. Em seguida, pergunto ao grupo se há retorno, ou seja, se o assistido necessita de um novo atendimento. Em caso afirmativo, pergunto "em quanto tempo"? Determinada a data de retorno, pergunto ainda quais são as recomendações, ou a "lição de casa", do assistido e permito que cada trabalhador se manifeste, orientando-o em seus afazeres. Ao terminar, agradeço a presença e o dispenso, retirando-o da sala.

Peço aos trabalhadores que evitem ministrar receitas de remédios, chás e outras recomendações que envolvam ingestão de qualquer coisa invasiva. Peço-lhes que se limitem às recomendações de cunho filosófico, frisando que o assistido pode ser incentivado a mudar seu comportamento. Insisto que medicamentos, chás e outras orientações técnicas devem ser procedimentos realizados por pessoas autorizadas, como médicos, por exemplo.

A CERTEZA DE PODER FINALIZAR O ATENDIMENTO

Quando pergunto ao grupo se podemos encerrar o atendimento, e apenas um dos participantes insiste em discordar do restante do grupo, em geral retomo a abertura dos trabalhos e insisto na elevação do padrão energético do ambiente, acionando novamente os radares na busca de todas as sintonias possíveis dentro do atendimento — principalmente quando a insistência em continuar o atendimento vem de um trabalhador experiente. Muitas vezes, o grupo já está pronto para encerrar, mas resta ainda um pequeno ajuste que deve ser realizado.

Há também casos em que médiuns inexperientes insistem em continuar o trabalho. Mesmo assim, retomo as atividades e, caso nada aconteça, aplico no médium a técnica de revitalização de médiuns. Em geral, por falta de compreensão, ele fica impregnado com alguma ressonância magnética de outro atendimento ou durante o mesmo trabalho em outra manifestação, e se faz necessária a sua limpeza energética para não comprometer o grupo.

7 | TÉCNICAS DE APOMETRIA

Muitas são as técnicas de apometria e seus desdobramentos que vêm sendo utilizadas pelos diversos grupos de trabalho, cada um adaptando e criando seus próprios métodos e sistematizando os procedimentos em função da afinidade de cada grupo e suas atribuições missionárias. Cada casa de apometria, e seus grupos de trabalhadores, cria sua própria egrégora e, por afinidade, acaba recebendo os assistidos que necessitam de seu socorro espiritual.

Não significa que existe um padrão de qualidade para estabelecer parâmetros a fim de orientar ou quantificar a qualidade de cada grupo. Existem aqueles que recebem mais trabalhos na linha de atendimento de magos negros, ou em cirurgias espirituais e outros tantos atributos tratados pela apometria.

O doutor Lacerda sempre deixou claro, em suas declarações, que a apometria é uma técnica tão revolucionária que novas técnicas e novos procedimentos seriam apresentados ao longo do tempo, como acontece em todo grupo que trabalha seriamente com apometria. Portanto, não foi possível, ao longo de todos esses anos e com o surgimento de tantas técnicas novas para incrementar os trabalhos, criar um padrão de atendimento. É relevante citar que o amor é o combustível essencial para qualquer grupo realizar seu trabalho com eficiência e sem risco de invasão por energias intrusas que não se coadunem com os objetivos crísticos dessa tarefa maravilhosa. O amor é a base, o alicerce. As técnicas são muito eficientes, no entanto, se não houver amor incondicional, disciplina e vontade de aprender por meio do estudo constante, nenhum grupo, por mais privilegiado que possa se sentir, conseguirá realizar o trabalho.

Quando há personalismo, ou seja, quando o dirigente ou diretor da casa de apometria se sente mais importante do que o procedimento, isso pode permitir invasão por energias destruidoras e o grupo acabará por fazer mau uso das energias universais, ainda desconhecidas por nossa capacidade de entendimento, ou seja, pode se tornar um instrumento de má qualidade, apesar da boa vontade do grupo de trabalhadores. Não devemos esquecer que, quanto maior a produtividade e eficiência de um grupo de trabalho na realização do bem, mais eles serão alvos de ataques de energias destruidoras, e somente o amor unificará e fortalecerá seu destino.

As principais e primeiras técnicas de apometria foram enunciadas como leis pelo doutor Lacerda, sendo que as demais foram desenvolvidas no decorrer do tempo com a prática e a experiência dos vários grupos de trabalho.

A seguir, citaremos algumas técnicas que utilizo em meus grupos.

HARMONIZAÇÃO POR IMPULSOTERAPIA

Essa técnica é utilizada individualmente e foi desenvolvida para aplicação por terapeutas, médicos, psicólogos e demais pessoas que necessitem de atuação emergencial em desequilíbrios espirituais, emocionais e mentais.

Recomendamos que o trabalho de apometria seja realizado sempre por um grupo de pessoas com, no mínimo, um médium e um dirigente. Para atendimentos individuais, aconselhamos os limites energéticos das técnicas de impulsoterapia, que funciona como uma espécie de harmonização momentânea. Pode e deve ser usada pelos profissionais da saúde na preparação do seu ambiente de trabalho e do próprio paciente, antes mesmo de ele entrar no consultório, utilizando como testemunho sua ficha de anamnese.

Também é utilizada por profissionais das demais áreas, como advogados, engenheiros e executivos em geral, na preparação de ambientes ou de reuniões. As pessoas comuns utilizam essas técnicas em seus lares antes de realizar uma prova ou uma entrevista de emprego. Consiste no seguinte:

PARA PESSOAS

Quando atendo uma pessoa em especial, peço ao assistido para se sentar confortavelmente, fechar os olhos e se concentrar em pensamentos agradáveis. Costumo pedir à pessoa que faça uma lista das coisas que tem para agradecer à vida. Em seguida, com contagem e impulsos energéticos, comando a formação de uma pirâmide para envolvê-lo e de um campo de força de isolamento sobre a pirâmide. Inicio então o procedimento de assepsia com aplicação de um vento solar para limpeza de energias deletérias — formas-pensamento negativas —, um banho de água crística e o envolvimento do paciente numa onda do mar. Prossigo com o tratamento padrão de cromoterapia, reforçando nas cores o que minha intuição indica, e começo a contagem para energização, dizendo mais ou menos o seguinte: "Estou energizando, revitalizando, com a minha energia magnética", seguindo com contagem lenta e progressiva de impulsos energéticos, até sentir que posso encerrar.

Segundos antes do encerramento, peço que o assistido repita algumas respirações profundas e termino o procedimento orientado pela minha intuição. Tudo deve ser executado tocando o assistido com uma das mãos na cabeça ou parte de seu corpo, enquanto os impulsos energéticos são executados com a outra mão.

PARA AMBIENTES

O procedimento é o mesmo usado para pessoas, imaginando o local a ser harmonizado.

As palavras a serem utilizadas no momento da energização podem ser variadas e de acordo com o ideal de cada um. Não é imprescindível repeti-las, contudo, é necessário que sejam pronunciadas ao menos uma vez no ato de comando da energização. Do mesmo modo, a contagem pode ser lenta ou rápida, de acordo com a preferência de cada um, e até um número que seja satisfatório. Ao término do procedimento, é importante saber do assistido se o objetivo foi atingido, caso contrário, é necessário repetir a operação.

Devemos lembrar que, em casos de obsessões complexas, dificilmente obteremos êxito na aplicação da impulsoterapia por tempo prolongado. Por isso, se persistirem os sintomas em aplicações repetidas de harmonização, é melhor indicar o tratamento de apometria com um grupo de trabalho preparado para isso.

CROMOTERAPIA

Há muita informação disponível na literatura sobre o assunto, e eu, particularmente, indico os livros do Valcapelli, a quem considero um excelente profissional da área de cromoterapia e metafísica da saúde. Seus livros podem acrescentar muito ao trabalhador de apometria interessado em evoluir.

Na apometria, utilizo a cromoterapia universal com suas cores básicas e relacionadas com os chacras, a saber: violeta, no chacra coronário; índigo, no frontal; azul, no laríngeo; verde, no cardíaco; amarelo, no plexo solar; laranja, no sacral; vermelho, no básico.

Utilizo, ainda, com frequência, as cores: branco cristalino ou prateado na regeneração celular e reconstrução de órgãos; dourado no cérebro, para reconstrução do sistema neuronal e nervoso; demais cores conforme instruções dos médiuns e de acordo com o caso.

É necessário esclarecer que a cromoterapia é excelente, em especial no tratamento de problemas emocionais, e os procedimentos devem ser realizados por terapeutas treinados. No caso da apometria, as cores utilizadas durante os procedimentos de tratamento de corpos sutis e níveis dos assistidos não seguem os mesmos padrões da cromoterapia convencional, nem há uma convenção estabelecida pelos amigos espirituais. No entanto, existem grupos de apometria que padronizaram uma convenção de cores e definições de uso para seus procedimentos que se tornou válida como qualquer outra técnica terapêutica que possa ser utilizada em trabalhos de apometria, mediante consenso firmado entre o grupo de trabalho.

DIALIMETRIA

É um procedimento de tratamento medicinal para imantar energia magnética do operador, conjugada com a energia de alta frequência vibratória proveniente da imensidão cósmica, modulada e projetada pela mente sobre o paciente, sendo que cada passo do procedimento é realizado sob contagem progressiva e impulsos energéticos.

Alguns médiuns clarividentes, eu inclusive, quando são solicitados a descrever o ambiente de trabalho, afirmaram que, ao efetuarem o desdobramento e acompanhamento do paciente até o hospital, todos foram até o limite de uma porta dupla de aparência metálica, semelhante a uma sala de cirurgia, num ambiente muito frio, quase gelado. Após a entrega do paciente à equipe, jamais foi permitido ultrapassar o limite dessa porta.

Para entender o procedimento de dialimetria, é necessário compreender os estados da matéria. Vamos tomar a água como exemplo. Em seu estado natural, é líquida, com suas moléculas afastadas umas das outras, permitindo extrema mutabilidade de forma. Quando congelada, solidifica-se, e suas moléculas encontram-se justapostas. Sob ação do calor, evapora, transformando-se em gás, com as moléculas tão afastadas uma das outras que perdem a forma.

Devemos entender o corpo físico da mesma maneira. A área a ser tratada deve receber energia em impulsos sob comando do dirigente e contagem progressiva para se tornar plástica e maleável. As moléculas se afastarão na proporção da intensidade de energia que receberam. O procedimento é executado inicialmente no corpo etérico e, se potencializada o bastante, será refletida no corpo físico. Após o procedimento, os corpos devem ser encaminhados ao hospital de origem do grupo para dar continuidade ao tratamento.

ETIRIATRIA

É a medicina do corpo etérico, ou seja, sua constituição, suas propriedades, sua fisiologia e suas inter-relações com os corpos astral e físico. Assim como a medicina clássica trata do corpo físico, a etiriatria trata da dimensão energética pelo corpo etérico.

Imaginar o corpo do doente atuando mentalmente na diminuição da sua coesão molecular, que consiste na preparação para receber a carga energética necessária para seu tratamento. A palavra "coesão" é definida como a propriedade que os corpos têm de manter sua forma estável, desde que não estejam sujeitos à ação de forças deformadoras. Resulta das forças atrativas entre moléculas, átomos ou íons que constituem a matéria.

É feita a contagem pausada e a aplicação de impulsos energéticos, com comando firme a fim de projetar energia, repetindo a operação duas ou três vezes até o dirigente sentir que é o suficiente.

O corpo físico não apresenta nenhum sinal de mudança, mas o corpo etérico se torna mole, menos denso, pronto para receber o quantum de energia de que necessita. Sensitivos e clarividentes do grupo podem observar a transformação molecular em segundos. Nesse instante, a equipe médica espiritual aproveita para intervir facilmente no corpo astral e etérico. Ao mesmo tempo que o procedimento está sendo executado, projeta-se energia para a dissolução de massas compactas de baixo padrão vibratório, instaladas na raiz da enfermidade do assistido. A fim de facilitar a participação dos trabalhadores, pode-se usar cores ou florais na mentalização. Em seguida, aplicam-se energias revitalizantes nas áreas atingidas pelos coágulos energéticos por meio de passes magnéticos localizados.

Nos processos mórbidos, a circulação da vitalidade fica comprometida, semelhante ao estado inflamatório dos tecidos em que a linfa e a própria circulação sanguínea ficam estagnadas, provocando dores, edemas e ingurgitamento dos tecidos afetados. Uma vez dissociadas essas energias, os tecidos tornam-se mais permeáveis por essas energias, acelerando o processo de cura.

PNEUMIATRIA

A técnica consiste em elevar momentânea e artificialmente o estado vibratório do espírito a níveis crísticos. Como se trata de situação artificial com objetivo de instrução e esclarecimento, só durará enquanto atuar a energia de sustentação emanada pelos trabalhadores. Logo depois, o espírito voltará ao seu estado natural mesmo sem a interferência do dirigente.

Assim como a psiquiatria trata da dimensão astral, essa técnica trata da dimensão espiritual. É a cura do espírito pelo próprio espírito. Consiste em guiar o espírito na busca do "Cristo" que existe nele mesmo.

A pneumiatria pode ser aplicada nos espíritos que já se encontram acima dos padrões de vingança, perseguição contumaz, perversidade ou magos negros, isto é, aqueles que já estão dentro de um padrão vibratório com certa harmonia e desligados de interesses materiais. Em geral, são pessoas bem-intencionadas e de boa vontade que se encontram em processos de autoboicote pelo padrão mental extremamente racional.

Após a preparação inicial do desencarnado, incorporado ao médium, aplicam-se impulsos energéticos sob contagem lenta e progressiva até 21 ou 33, para que se atinja o estado de alma de elevação crística.

DESPOLARIZAÇÃO DOS ESTÍMULOS DE MEMÓRIA

Nas encarnações em que temos experiências traumáticas, criamos, em nossa condição de aprendizes das leis universais, um registro de memória que fica impregnado em nossa "ficha reencarnatória", como se fosse a ficha corrida do marginal que praticou crimes contra a sociedade, fornecida pela instituição policial, ficando tais atos registrados em seu RG.

Por analogia, é como se fosse tirada uma fotografia daquele momento cósmico que causou o trauma emocional, e ela ficasse guardada no álbum de fotografias de sua vida, na forma de um nível (corpo sutil) com a exata imagem daquele momento em que o fato ocorreu.

Nas encarnações subsequentes, quando faz parte do projeto reencarnatório tentar novamente aprender a lição relativa àquele evento traumático, essa imagem — ou corpo sutil, ou ainda nível — estará presente na mente do corpo físico atual por ressonância magnética toda vez que um fato emocional semelhante ocorrer. Ao sentir a emoção no padrão vibratório correspondente, automaticamente, por sintonia de frequência, a mente sente a mesma emoção traumática das vidas anteriores. Essa emoção bloqueada gera uma energia que tem um peso cármico. Ao entrar na mesma sintonia, a mente capta esse peso energético das vidas anteriores, somando-se à carga energética emocional do fato atual que está gerando o desequilíbrio emocional. Como nosso corpo físico está pronto para receber somente as cargas energéticas das emoções desta encarnação, sofremos um abalo energético em razão do excesso de carga recebida pela mente, que agregou todos os pesos de todas as cargas energéticas juntas, ou seja, nosso corpo físico não aguenta a sobrecarga e, como se fosse uma estação transmissora de energia, entra em curto-circuito.

Aplicam-se impulsos energéticos no cérebro do assistido ou do médium incorporado na parte frontal, com as mãos colocadas em paralelo na altura da fronte direita e esquerda, com contagem pausada, ao mesmo tempo que se determina a despolarização dos estímulos de memória, deste modo: despolarização de estímulos de memória, um; apagar registros de memória, dois; despolarizando, três; apagando todos os registros de memória, apagar toda memória de passado, quatro; despolarizado, cinco; prosseguir a contagem até sete. Ao mesmo tempo, a cada comando e contagem as mãos devem ser trocadas, de modo que no início estejam paralelas e, na sequência, cruzadas. A cada contagem, inverter a posição das mãos.

Essa é uma ferramenta poderosa no tratamento de neuroses e psicoses. Quando aplicada em desencarnados incorporados, acontece um fenômeno interessante. O espírito salta para encarnações anteriores, e o fato desaparece instantaneamente dos seus arquivos de memória, mesmo que gravado em regiões desconhecidas do cérebro. Após o procedimento, deve-se tratar o espírito e encaminhá-lo a hospitais do astral para completar o tratamento.

Não é recomendável aplicar essa técnica a espíritos com forte poder de magnetismo e com alto conhecimento de magia sem antes anular seus conhecimentos iniciáticos. Em encarnados, o efeito não é imediato. No entanto, o assistido, a partir da técnica aplicada, não recebe mais a carga energética emotiva das encarnações anteriores do evento e passa a sentir menos pressão quando se encontra diante da situação que antes lhe causava desequilíbrio.

É importante entender que, toda vez que se aplica a técnica em espírito incorporado, deve-se imediatamente aplicá-la também no assistido encarnado.

IMPREGNAÇÃO MAGNÉTICA MENTAL COM IMAGENS POSITIVAS

Após a aplicação da técnica de despolarização de estímulos de memória, deve-se aplicar a impregnação magnética mental com imagens positivas, que tem como objetivo fortalecer os estímulos de memória no sentido de motivar o assistido a se reencontrar com as leis universais.

De uma maneira bem simplista, podemos dizer que, com a técnica anterior, deixamos um "vazio" na memória que precisa ser preenchido. Assim, preenchemos esse espaço com novas motivações para uma vida de amor. Colocamos uma das mãos sobre a cabeça do assistido ou médium incorporado e, com a outra, aplicamos impulsos energéticos com contagem lenta e progressiva, ao mesmo tempo em que repetimos frases de estímulo de memória edificantes, tais como: "amor, caridade, compaixão, entendimento das leis universais, compreensão do processo da reencarnação, perdão, humildade etc.", ou ainda realizamos a sintonia dele com o mental superior dele próprio.

INVERSÃO DE SPINS

Para melhor entendimento dessa técnica, é necessário compreender a estrutura física da matéria. O corpo físico, como todo e qualquer ser do planeta, é composto de matéria, que, por sua vez, é formada pela aglomeração de energias (átomos) por afinidade. Conforme noções da física, as partículas que compõem a matéria são formadas por elétrons, prótons e nêutrons. Cada um desses elementos tem um movimento, chamado spin, representando a velocidade, que consiste no padrão vibratório de cada campo energético.

A inversão é a modificação do momento angular do spin, a inversão do sentido da rotação do spin da metade dos elétrons, fazendo com que se movimentem no mesmo sentido e, logicamente, do vetor que expressa a energia cinética e magnética do átomo. O comando é dado pela contagem até três que determina a inversão de spin e, como consequência, acontece a mudança do momento angular ou cinético do elétron, afetando todo o equilíbrio da matéria em razão de atuar diretamente no campo magnético do elétron.

Quando finalizo a contagem até três, em vez de estalar os dedos, bato na palma da mão bem forte para enfatizar o movimento e completar o comando. Nas entidades espirituais, acontece perda de energia imediata e, portanto, sua força de atuação. Nas estruturas modeladas, como aparelhos e bases astrais, acontece a dissociação dos componentes por perda imediata da energia de coesão. Nesses casos, os clarividentes conseguem ver a manifestação de faíscas e jatos fotônicos. Imediatamente acontece a desintegração das construções atingidas pela ação energética.

Para entender melhor, podemos imaginar uma máquina com muitas engrenagens rodando em sentido horário. Ao determinar o comando, imediatamente essa máquina passa a girar no sentido contrário, anti-horário. Imagine a violência do fato. É como se um corpo em seu sistema natural, sob um comando, virasse do avesso.

NEOPLASTIA — CIRURGIAS TRANSDIMENSIONAIS

Nos assistidos que apresentam sintomas de dor ou doenças que em geral não têm diagnóstico médico definitivo, o procedimento é realizado no corpo etérico. Tenho recebido as orientações que coloco em prática com sucesso nesses casos. Para mim e o grupo de trabalhadores, são informações novas que têm apresentado resultados significativos. Esse procedimento também é realizado nos demais corpos sutis dos encarnados e desencarnados.

A equipe que nos assiste nesses casos informa ser oriunda de outra dimensão. Tenho observado uma diferença na energia do ambiente quando solicitamos sua presença e iniciamos a realização de qualquer tipo de procedimento. Trata-se de um padrão vibratório sutil e muito diferente de quando atuamos com as equipes de socorro do Hospital Amor e Caridade. Algumas vezes, a maioria dos médiuns chegou a sentir uma queda na temperatura ambiente, a ponto de sentir frio em pleno verão.

Geralmente, são casos de assistidos em que são identificados equipamentos sutis implantados, bem como chips, que servem para monitorar a pessoa obsedada e como fonte alimentadora de energias para os obsessores.

Basicamente, o procedimento acontece desta forma: um trabalhador (médium) capta o corpo sutil do assistido, no caso o duplo etérico, podendo ainda ser o corpo mental ou emocional. Ajusto a sintonia do grupo com contagem lenta e, em seguida, deixo a direção dos trabalhos sob o comando da equipe espiritual.

Prepara-se o corpo sutil do assistido para o procedimento cirúrgico, envolvendo-o numa redoma de material transparente, como se fosse vidro hermeticamente fechado. Em seguida, aparecem energias multicoloridas em forma de fumaça (nuvem), que colocam o ambiente num padrão na potência de coesão molecular nível 12. Oriento o grupo a imaginar uma energia dourada, como se fosse uma purpurina dourada, parecida com aquela apresentada nos filmes de Walt Disney, com o personagem do Peter Pan e da Sininho. Faço a contagem de pulsos magnéticos para construir um pote contendo essa energia e convido os médiuns a mergulharem as mãos no recipiente para revestir suas mãos, como se plasmassem luvas desse material sutil, do mesmo modo que os atletas de ginástica olímpica fazem antes de se apresentar nos aparelhos de competição. Feito isso, os médiuns entram em sintonia com o assistido.

Tenho percebido que cada um do grupo observa uma determinada parte do corpo ou órgão do assistido e, a partir de então, oriento para imaginarem que a parte necessitada de tratamento entre num processo de amolecimento até chegar ao estágio de gel, isto é, macio e plástico o suficiente para ser modelado conforme a necessidade que o trabalhador sente. Nesse ponto, inicia-se o processo de remoção dos equipamentos e aparelhos implantados, que geralmente se estendem por outras partes do corpo, fazendo uma ligação com outros órgãos por uma fiação muito sutil de cores diversas.

Quando o corpo se encontra nesse estágio, o procedimento de remoção dos objetos e sua respectiva fiação ficam extremamente facilitados. Às vezes apresentam energias escuras preenchendo determinada parte do órgão ou do corpo, como uma massa incrustada nos ossos, artérias e veias do assistido, mas que também são removidas com facilidade. Nesse ponto se processa a regeneração das células danificadas e a reconstrução do órgão afetado.

Determino com contagem e pulsos magnéticos a reconstrução das células a partir de seu núcleo, utilizando essa energia e a cromoterapia universal em alguns casos. Cada fase dessa operação leva segundos para se concretizar, poucas vezes demora mais do que um minuto.

Para finalizar, comando o retorno do corpo ao estado original com contagem de pulsos. Em seguida, entra a equipe do Hospital Amor e Caridade e demais entidades necessárias para finalizar o trabalho. Comando por pulsos a entrega de todo o material restante para o Hospital Amor e Caridade e encerro o atendimento.

Apesar de se tratar de uma técnica nova, aos poucos estamos nos familiarizando e melhorando o desempenho, e os resultados obtidos têm sido surpreendentes.

FATOR TEMPO MULTIDIMENSIONAL

É a aplicação de um quantum de energia pessoal de cada trabalhador ou médium individualmente, nos procedimentos curativos, quando se trata de processos auto-obsessivos criados a partir de situações emocionais de passado remoto, mas que interferem na vida atual, estando presentes no corpo etérico e sendo sentidos pelo corpo físico do momento atual, bilocados em cada encarnação do assistido.

Em outras palavras, significa o uso de uma equação de deslocamento de tempo bipolar que transporta os corpos sutis de quem aplica o fator energético sobre si mesmo, com comando de pulsos energéticos e sob contagem do dirigente juntamente com a equipe de trabalho, deslocando-se no espaço e no tempo para atender às necessidades do corpo sutil do paciente na equação de tempo em que estiver presente.

Esses casos representam a formação dos processos de auto-obsessão vivenciados em situações de tempo de passado remoto não resolvidos. Passam, dessa forma, a fazer parte do curriculo do assistido em todas as vidas subsequentes, até que se encontre o momento adequado para a remoção do bloco de energias estagnado na origem e em cada tempo, vivenciado em cada encarnação, não conseguindo se conscientizar da medida energética condizente com o padrão das leis universais. Significa que cada encarnação vivida em que não foi possível entender o processo, fazendo parte de seu programa de vida, registrou mais uma equação de tempo na sua memória do fator tempo-espaço. Quando pronto pelo entendimento das leis universais, seu comando espiritual (DNA) permite resolver todas as situações numa única operação a partir do corpo etérico presente, que detém a característica de transmutar as energias adequadas para remoção dos bloqueios, partindo da energia de campo eletromagnético do corpo físico atual auxiliado pela equipe espiritual, além dos trabalhadores que se encontram bilocados em cada situação energética de tempo-espaço. Ou seja, os médiuns encontram-se ao mesmo tempo em todos os espaços-tempo vivenciados pelo assistido, cada qual com um corpo sutil operando na equação de tempo em que foi construído o bloqueio energético juntamente com a equipe espiritual correspondente àquela equação de tempo (encarnação).

Situações inconscientes de culpa, medo, vingança, raiva etc. criadas pelo próprio assistido interferem em sua vida atual, apesar de a pessoa ou objeto de desejo nem estarem mais na mesma frequência vibratória. É diferente dos casos em que o agressor e a vida ainda estão vibrando no mesmo padrão energético, pois esses são resolvidos com outras técnicas envolvendo os dois participantes do processo, já que a troca energética de formas-pensamento cria um bloqueio energético que envolve os dois ou mais participantes do evento em cada equação de tempo, vivenciada por ambos, numa mesma situação.

COMENTÁRIO

Esses procedimentos são novidade e, como tal, temos observado com muito critério cada caso para seguir adiante e realizar o melhor. Os resultados apresentados têm sido motivo para continuar essa tarefa.

Temos consciência de que somos apenas instrumentos, por isso oferecemos o melhor que podemos e nos dedicamos incansavelmente aos estudos e à busca de informações que possam enriquecer nosso conhecimento. Confesso que temos obtido pouco para nosso esclarecimento e, por se tratar de um assunto que pode gerar controvérsias, primamos pelo bom senso. Só estamos passando essas informações para que esse novo conceito se torne público e mais pessoas possam fazer uso consciente dessas técnicas, bem como colaborar para a obtenção de mais informações e compreensão desse novo método.

Não pretendemos deter títulos de pioneirismo, tampouco ser os desbravadores de um trabalho que, temos certeza, tem sido objeto de estudo de outros grupos como o nosso. O fato de poder editar essas informações nos motiva a cumprir nosso papel de informante de um mundo maior, para que possamos atingir a felicidade como um todo e de cada um em particular. Se essas informações puderem ser úteis, que sejam utilizadas com muito amor —, o combustível para que tudo funcione.

EXEMPLO DE CASO

Mulher com mais de 60 anos de idade que apresentava os seguintes sintomas: dor de cabeça constante e insônia. Quando conseguia dormir, sonhava com situações de perseguição, fuga, lutas.

Conhecia a doutrina espírita e atuava há 29 anos num grupo de desobsessão na função de "doutrinadora" e alegava não ter nenhum tipo de mediunidade, porque não sentia nada, não enxergava, não escutava...

Na avaliação da mesa quantiônica, foi identificado um caso de auto-obsessão em processo avançado e agravado com a dissolução do casamento de 40 anos.

Foram indicados os tratamentos de apometria e biopometria (procedimento terapêutico desenvolvido pelo Instituto BioSegredo para casos de auto-obsessão, com forte predominância mental/racional).

Após duas sessões de apometria e mais duas de biopometria, ela afirmava não sentir nenhuma melhora. Ao contrário, após o segundo atendimento, passou a sentir, no dia seguinte ao procedimento, dores de cabeça mais intensas, insuportáveis, conforme suas palavras.

No terceiro atendimento de apometria, manifestaram-se subpersonalidades (manifestações de seu próprio "eu" de vidas passadas) com grande sentimento de culpa, medo e revolta ao mesmo tempo. Como em todo trabalho apométrico, foram todas tratadas, esclarecidas e encaminhadas para hospitais do astral.

Ao terceiro atendimento de biopometria, foi feita uma captação (incorporação pelo médium de uma subpersonalidade atuante no campo mental/emocional do assistido) que contou sua história, possibilitando o entendimento dos demais níveis emocionais/mentais e a permitindo compreender o que motivou a cura do campo físico de imediato. Contou que se tratava de uma princesa que vivia num castelo medieval, casada por contrato entre famílias com o conde, dono do feudo. Na ocasião, conheceu um jovem lavrador por quem se apaixonou e foi correspondida.

Não suportando viver longe do amado e num casamento sustentado por hipocrisia, resolveu fugir a cavalo à noite. Durante a fuga, aconteceu um acidente; ela caiu, bateu a cabeça e morreu. Acordou no astral, inconformada por não ter conseguido o intento de viver o grande amor de sua vida. Permaneceu no astral por longo período, alimentando suas feridas cármicas, entre elas a raiva, causada pelo sentimento de injustiça por parte da vida e, ao mesmo tempo, de culpa por não ter honrado o contrato de compromisso entre as famílias, que era costume da época.

Na vida atual, a dor de cabeça iniciava alguns meses depois do término do seu casamento. A insônia, que já sentia quando casada, era uma forma de se proteger da cobrança que sofria de seus corpos sutis, pedindo ajuda para terminar a fase de sofrimento no mundo astral durante os sonhos noturnos.

No momento que a subpersonalidade se manifestou, compreendendo a situação atual causada pela lembrança da outra encarnação, sua expressão foi: "Nossa, parece que alguém acabou de tirar minha dor de cabeça puxando com a mão!"

No mesmo dia, ao receber biotoque (toque energético para revitalização), incorporou várias entidades sofredoras que faziam parte de sua lição de vida, como médium de cura que era. No último tratamento de biopometria, participou com naturalidade do exercício de telepatia que ensinamos e descreveu fisicamente o namorado da outra pessoa que participava do exercício, com seu turbante e tudo o mais, residente no Egito naquela ocasião.

Decidiu fazer o curso de apometria para poder trabalhar na desobsessão num processo consciente e fazendo uso de todas as suas faculdades mediúnicas.

NÍVEIS, SUBNÍVEIS E ENTIDADES

A filosofia oriental identifica corpos sutis como o condomínio espiritual formado pelos sete corpos que compõem todo o sistema de funcionamento do espírito encarnado e suas manifestações sensoriais, desde o átmico, que é alma, até o corpo físico de cada encarnação, ou seja, a alma que se manifesta no planeta, nesse caso a Terra, em um corpo formado e adaptado ao programa de aprendizado estabelecido para a encarnação atual.

Segue abaixo cada um deles:

1– Átmico (alma) é a essência divina, o sopro da vida, o princípio vital. A parte que é parte de Deus, o amor em forma de luz que faz parte do Todo. Pertence ao infinito, assim como é a manifestação divina, Deus propriamente dito.

2 – Budhi ou **budhico** é a manifestação da alma em uma forma um pouco mais densa, porém ainda muito sutil. Encontra-se numa fase mais energética quintessencial da matéria universal, onde estão armazenadas todas as conquistas harmônicas das experiências das encarnações. É a memória do ser divino. É composto pelas três almas: consciência, intuitiva e moral.

3 – Mental superior — causal — abstrato é o banco de dados do programa de vida elaborado para a encarnação, onde reside a criatividade e a inspiração para formulação de novos sistemas e descobertas nos campos científico, filosófico e tecnológico. Em desequilíbrio, gera distúrbios ligados ao poder ditatorial e se multiplica em vários subníveis de personalidades conflitantes com seu programa de vida.

4 – Mental inferior ou **concreto** é o banco de dados da educação recebida na encarnação: intelectual, mental, racional. Engloba os cinco sentidos: tato, visão, audição, paladar e olfato, ligado ao ego inferior, personalidade encarnada.

Em desequilíbrio, gera conflitos emocionais que se manifestam nos processos de auto-obsessão. É o corpo que se expressa nos procedimentos de captação energética, tais como regressão de memória e terapia de vidas passadas.

5 – Astral ou **emocional** é o modelo organizador biológico, o protótipo do corpo físico definitivo na fase de projeto. É o banco de dados das paixões, instinto e sensibilidade geral, o corpo que sente dores e prazeres, e transmite as sensações ao corpo físico por meio de impulsos elétricos pelo sistema nervoso.

É o corpo que viaja no astral, incorpora e realiza os trabalhos mediúnicos conscientes ou inconscientes. É o corpo que se torna o "fantasma" ou obsessor desencarnado quando em desequilíbrio depois da morte do corpo físico porque permanece na esfera terrestre e ainda necessita de magnetismo animal para sobreviver.

Encarnados comprometidos com trabalhos assistenciais espirituais que ignoram o fato por medo ou ignorância religiosa deformam esse corpo e necessitam de cirurgias espirituais para correção. Nos traumas que causam bloqueios energéticos intensos, esses corpos ficam presos no espaço-tempo do acontecimento e somente são resgatados quando orientados em trabalhos de desobsessão espiritual.

Implantes, chips e equipamentos de controle e monitoramento de obsediados são colocados nesses corpos quando sequestrados durante o sono físico em processos de magia negra.

6 – Etérico é o corpo identificado pela aura que define o padrão emocional momentâneo do indivíduo, o mais próximo do corpo físico e matéria sutil, mas denso o suficiente para ser visto pelo processo de clarividência. É o receptor das cargas energéticas mais densas do indivíduo, de primeiro impacto e, nos casos de aparente epilepsia, tremores e formigamentos dos membros, indica ataques energéticos como se fosse o fusível de um sistema elétrico recebendo uma sobrecarga.

Processos cármicos de doenças, necessários na encarnação para expurgo de energias do passado presas no tempo-espaço em forma de bloqueios energéticos causados por traumas emocionais, são alojados nesse corpo para possível manifestação no físico. No caso de o indivíduo trilhar um caminho de postura divina dentro das leis universais, viver com e pelo amor universal, a doença não chega a se somatizar no campo físico porque a memória energética do corpo etérico é transmutada naturalmente pelo fluir eletromagnético do sistema que compõe o ser encarnado.

Quando não há compreensão, a doença se somatiza no físico para ser depurada a carga energética por meio da dor e do sofrimento consequente.

Casos de vícios, como álcool e drogas, são registrados nesse corpo e, se não forem depurados na encarnação presente, passam para a memória celular espiritual para futura desintegração energética em encarnação posterior.

7 – Físico, carcaça de carne, veículo de manifestação no planeta, serve como aparato para experiências durante a encarnação e somatização dos sistemas químico-físicos para depuração das cargas energéticas eletromagnéticas adquiridas por meio da interação do organismo Mãe, Terra. É o corpo que tem a característica de captar do magma da Terra a carga energética para compor o sistema eletromagnético da existência atual. Instrumento passivo, que recebe e age em função dos comandos dos corpos sutis e suas manifestações.

NÍVEIS DE CONSCIÊNCIA

São fragmentos dos corpos sutis, mental superior, astral, etérico, provocados pelas vivências desequilibradas na presente encarnação e nas anteriores e que se manifestam na vida atual com o objetivo de manter viva a lembrança da necessidade de reparo.

Situações desequilibradas causam danos emocionais que provocam traumas. Cada situação cria um bloqueio energético denso, de natureza magnética, que se perpetua no tempo-espaço no momento da criação, como se fosse uma fotografia do trauma, e que permanece na encarnação em que o ser está pronto para tentar elucidar e assim evoluir nas leis universais. Essas "fotografias" ficam na memória inconsciente, lembrando o indivíduo da necessidade de mudar sua postura diante das situações inerentes ao aprendizado. Caso não consiga compreender e mudar sua postura, cria mais uma "fotografia" que vai para seu arquivo pessoal e, quando a compreende, "queima" os arquivos anteriores relativos ao mesmo tema.

Nos trabalhos de apometria, aparecem como situações e lugares onde aconteceram os traumas que deram origem ao bloqueio energético. Nos sonhos aparecem como fantasmas que perseguem o indivíduo para que encontre um novo caminho de conhecimento que lhe permita mudar de atitude.

Em desequilíbrio acentuado, o indivíduo passa a viver a dupla personalidade literalmente, incorpora o nível e vivencia a realidade do passado no presente. Antes, eram chamados de loucos, hoje recebem medicamentos que limitam as funções nervosas cerebrais e não conseguem manifestar no corpo físico a ação propriamente dita, mas ela permanece na ação mental, o que é pior, porque tende a se alienar da realidade terrena atual.

SUBNÍVEIS

As subpersonalidades povoam a mente do ser encarnado como se, jocosamente comparando, "Tico e Teco" ficassem brigando em nossos pensamentos, disputando uma determinada decisão ou postura.

São formas-pensamento, criações mentais idealizadas durante a encarnação presente que são oriundas da educação recebida em contradição com o programa de vida original, e por isso acabam gerando uma verdadeira guerra entre os pensamentos. A postura atual entra em sintonia com acontecimentos semelhantes de vidas passadas e criam essas formas-pensamento.

Nesses casos, existe uma tendência a milhões de pensamentos por segundo, dando a impressão de que pensar é cansativo, e o desejo maior é desligar de alguma forma o cérebro, o que parece impossível. Causa insônia, perda de apetite e de libido, porque o indivíduo vive em estado beta, muito acelerado no pulsar cerebral.

Casos de depressão, síndrome do pânico e bipolaridade são comuns nesse estado e, quando não tratados, podem chegar a processos físicos como AVC (ou derrame) e infarto. Esses casos podem ser resolvidos mediante atuação de captação do nível e esclarecimento, e nem sempre necessitam de atendimento de apometria. São os chamados processos auto-obsessivos.

Antes de encaminhar as entidades ou os corpos sutis atendidos para o hospital, devemos fazer o tratamento energético visando ao restabelecimento da saúde espiritual. Para isso, utilizamos nossa energia magnética por meio de contagem e pulsos (estalar dos dedos), o que facilita o trabalho da equipe espiritual que não tem à sua disposição esse tipo de energia, somente disponível para nós, encarnados. Por essa razão, o trabalho deve ser em conjunto, isto é, entre encarnados e desencarnados. Na realidade, o verdadeiro atendimento é feito pela equipe espiritual, o grupo de apometria encarnado colabora substancialmente com a emanação de sua energia magnética por intenção, sob o comando do dirigente dos trabalhos. Por esse motivo, estabeleci um critério de comando para executar os procedimentos de tratamento dos corpos sutis e das entidades. Trata-se de uma convenção estabelecida entre mim e o grupo de trabalhadores: toda vez que dou o comando de tratamento espiritual, inicia-se um procedimento padrão que utiliza as cores universais da cromoterapia, assepsia com vento solar, banhos de água crística e água do mar. Em seguida, determino a troca das vestes dos atendidos, colocando neles um manto divino a fim de promover o refazimento de seus corpos a partir de suas células, com energias prateadas e tons azulados cintilantes.

Recebi orientação de agir assim, pois, muitas vezes, nós, encarnados, não entendemos os procedimentos utilizados pela equipe socorrista. Para não perder tempo desnecessário, o grupo de trabalhadores emana o quantum de energia necessária, completando a assistência. A partir de então, os assistidos são encaminhados para o Hospital Amor e Caridade pela equipe apta a efetuar o transporte.

É preciso entender que o corpo em desequilíbrio que permanece na crosta terrestre não tem mais a capacidade de receber do planeta a energia vital inerente ao corpo físico. Por isso, é necessário realizar o tratamento com a energia do grupo de encarnados que possui essas características. Muitos dos procedimentos utilizados pela equipe médica espiritual não são de nosso conhecimento. Se comparássemos à tecnologia da nossa medicina, poderíamos afirmar que ainda há muito avanço a se fazer em nosso mundo nessa área.

TÉCNICA DE TRATAMENTO DE NÍVEIS E SUBNÍVEIS — "SENHORES DO CARMA"

Quando aprendi apometria, cada nível que se manifestasse era atendido separadamente, ou seja, orientado, tratado e encaminhado para o Hospital Amor e Caridade ou colônia de recuperação.

J.S. Godinho[2], respeitado dirigente e conhecedor das técnicas apométricas, desenvolveu o que chama de técnica de desdobramento múltiplo. Consiste em trabalhar com um grupo do qual participam vários médiuns e dirigentes em pares para atender simultaneamente os níveis que se apresentem e, do mesmo modo, tratar, orientar e encaminhar cada um dos níveis.

Recebi uma orientação para tratamentos específicos desses casos que tenho utilizado com sucesso e maior rapidez em comparação às técnicas anteriores, a saber:

Quando um médium capta um dos níveis presentes, esse é usado como referência, ajustando a sintonia dos outros trabalhadores com ele. Em seguida, aplicamos um "bolsão"³ a fim de captar todos os demais níveis que façam parte da sintonia do tratamento em questão, e assim procedemos:

- ajustamos a sintonia com o médium que está em sintonia com o nível;
- solicito a interferência dos "Senhores do Carma, Senhores do Tempo e Senhores da Reencarnação" para que todos os níveis, subníveis e registros de memórias de presente, de passado e de futuro do assistido possam ser trazidos para o nosso tempo presente, em nossa dimensão, com contagem e pulsos energéticos;
- fazemos os tratamentos necessários, em geral com a utilização da cromoterapia, reforçando a aplicação das cores orientadas pelos médiuns;
- trocamos as vestes, aplicando um manto divino nos corpos tratados;
- encaminhamos para o Hospital Amor e Caridade para complementar o trabalho de assistência.

Com essa técnica, reduzimos sensivelmente o tempo dos trabalhos e o número de retornos dos assistidos, sem perder a eficiência dos procedimentos.

> **IMPORTANTE**
> *Após aplicação dessa técnica, é necessário utilizar a técnica de "despolarização de memórias" no médium que captou o nível e também no assistido.*

MANIFESTAÇÃO DO CORPO EMOCIONAL

Tenho encontrado em muitas ocasiões manifestação de corpos emocionais em desequilíbrio que se apresentam no médium em forma de muito enjoo e grande necessidade de vomitar. Percebi que esse tipo de manifestação tem como objetivo equilibrar o corpo sutil, trazendo à tona todos os desajustes emocionais vivenciados em todas as encarnações. Desse modo, podem ser tratados todos os desajustes anteriores que interferem no humor do assistido de forma direta, sem que ele tenha consciência de seus desajustes emocionais nesta vida.

Para isso, é importante que o médium manifeste os sintomas, vivenciando-os com sua própria emoção acentuada, evitando, assim, permanecer com algum resquício da energia do assistido e sentir-se enjoado após o término dos trabalhos. Para incentivar o médium a participar com intensidade emocional, peço-lhe que recline sua cabeça para a frente e para baixo em direção aos joelhos, afastando ligeiramente as pernas. Em seguida, incentivo-o a tossir repetidamente, para vencer a tendência natural de evitar o vômito e passar a vomitar literalmente. Contudo, não se preocupem, pois o que sai de sua boca é só energia, ou seja, fragmentos de blocos energéticos que se encontram nos seus corpos sutis e também nos corpos sutis do assistido. Digo isso porque temos uma forte tendência a evitar o vômito, considerado falta de educação e provocador de repulsa em quem assiste. Isso impede de executar essa importante função do corpo físico quando é necessário.

Vale acrescentar que cada médium, que por diversas vezes capta esse tipo de manifestação, está na verdade se autocorrigindo em seus campos emocionais, isto é, em cada trabalho está eliminando um de seus níveis com bloqueios energéticos emocionais.

Tenho observado algumas pessoas que, iniciando como trabalhadores em nossos grupos, apresentam esses sintomas por um determinado período. Quando passam a se sentir mais equilibradas emocionalmente em sua vida, tendem a não sentir nem captar mais esse tipo de manifestação.

O tratamento é realizado da seguinte forma: o médium é colocado na posição supracitada para ficar mais confortável. A seguir, quando começa a tossir e a vomitar efetivamente, o dirigente coloca um dedo ou a mão no chacra sacral do médium, fazendo a contagem e o pulso energético e solicitando o tratamento daquele chacra. Depois, passa para o chacra acima, o plexo solar, incentivando o médium com palavras de ordem e comandando a energia para subir de um chacra para outro. Em cada chacra, efetua-se a contagem até cinco ou sete, no máximo, passando para o próximo chacra acima, até chegar ao chacra laríngeo, quando se dá o comando de "colocar tudo para fora", finalizando com a contagem até três, no máximo.

Nessa operação, o dirigente incentiva os médiuns participantes a mentalizarem as cores, florais, aromas, ervas, raízes, mantras, e todo tipo de energia que sentirem necessário utilizar para o tratamento de cada um dos chacras.

Ao término da sensação de vomitar, colocamos o médium sentado na posição natural e comandamos a reestruturação dos chacras e a reconstrução do aparelho digestivo desde os lábios até o ânus, seguindo contagem pausada e pulsos energéticos.

> **IMPORTANTE**
>
> *Em um desses atendimentos, questionei a técnica quanto à repetição de padrões; uma entidade nos relatou que esse evento é importante para reestruturar o campo emocional do assistido e do médium captador. Lembrou ainda que, em encarnações passadas recentes, era comum a prática de suicídio e assassinato pela aplicação de veneno, em especial a cicuta, que na época era impossível de ser identificada como causa de morte.*

O passado é fator fundamental para represar energias emocionais traumáticas no campo emocional dos encarnados, e nos dias atuais não se mata mais com o veneno propriamente dito, porém passamos por várias situações de desconforto "engolindo sapos" que precisam ser literalmente vomitados porque não se consegue digeri-los.

VISITA À CASA DO ASSISTIDO

Muitos são os casos em que a residência do assistido ou o seu local de trabalho estão impregnados com energias telúricas intrusas. Essas energias podem estar no ambiente por simples ressonância magnética, ou seja, impregnadas pela permanência das pessoas que frequentam o ambiente, assim como podem ser energias aplicadas por imantação ou colocadas para desequilibrar o ambiente por meio de trabalhos de magia negra.

Nos casos de magia negra, podem ser instaladas num objeto ou no próprio ambiente com a função de manter o assistido, nesse caso a vítima do trabalho de magia, sob ação nefasta da intensidade dessas energias. Muitos são os casos em que, além das energias negativas no local, encontram-se também entidades que lá permanecem com o propósito de vigiar o ambiente e os objetos impregnados.

Em geral, o grupo de trabalho sente a necessidade de fazer uma visita à casa do assistido ou ao seu local de trabalho para entrar em sintonia vibratória com as energias do ambiente, que estão, de alguma forma, afetando-o.

Para fazer essas visitas, são necessários alguns cuidados de segurança para preservar a imunidade dos trabalhadores. Para tanto, inicio entrando na sintonia das equipes de segurança, geralmente com uma equipe da umbanda branca, na egrégora dos caboclos, e peço o ajuste de sintonia de cada trabalhador com o seu guardião pessoal antes de empreender a viagem astral. Em seguida, peço ao assistido para mentalizar a sua moradia. Dou o comando de enquadrar a casa numa pirâmide com o devido isolamento e peço à equipe de segurança que possa ir à frente do grupo de trabalho com o objetivo de adequar o ambiente para nossa chegada. Depois, comando a viagem astral até o ambiente determinado sob contagem e impulsos energéticos.

Já no ambiente, peço o rastreamento em 360° para detectar as energias que necessitam ser trabalhadas. Em seguida, passo a determinar os comandos que a equipe sinaliza, atendendo aos espíritos sofredores, se houver algum, e procedendo ao tratamento de tudo e de todos antes do encaminhamento das entidades para os hospitais.

Após o término do trabalho, comando o retorno da equipe para nosso espaço físico. Todos os comandos são determinados sob contagem progressiva e aplicação de impulsos energéticos.

LIMPAR A PRÓPRIA CASA

Os ambientes em que vivemos ficam impregnados com as energias que emitimos e transmutamos. Por ressonância magnética, toda energia que sentimos nas manifestações emocionais ocasionadas pelas nossas conversas, discussões e diálogos com os parentes dentro de casa fica impregnada no ambiente. Nas paredes, no teto, nos cantos dos cômodos da casa onde não há muito movimento e em especial em lugares onde são criados vácuos, como, por exemplo, se houver uma prateleira, ou um móvel no canto da sala de tal modo que não esteja paralelo à parede e sim de costas para o ângulo de duas paredes numa posição que se crie uma situação de um espaço fechado sem circulação de ar. Esse local será um receptor potencial de energias densas e muito facilmente identificadas por radiestesia, através de pêndulo ou dual road, que são instrumentos de pesquisa.

A constante emanação de energias desse padrão mantidas por meio de pequenas discussões e assuntos desagradáveis, como falta de dinheiro, problemas de saúde etc., somados à energia emocional produzida por filmes e programas de televisão com violência e pessimismo, acabam por imantar-se no ambiente, tornando-o insalubre no campo emocional, espiritual, astral e psicológico. Por essa razão, algumas vezes não nos sentimos bem ao adentrar a casa de um amigo que visitamos. Não conseguimos perceber, com nossos cinco sentidos, o que está acontecendo, mas nosso campo astral sabe que algo não está bem naquele ambiente.

Para manter nosso ambiente doméstico limpo e saudável, podemos fazer uma limpeza periódica com o elemento fogo. Essa limpeza pode ser realizada com uma defumação nos ambientes da casa, ou simplesmente queimando-se um pouco de carvão com álcool de farmácia numa pequena vasilha por alguns minutos. Junto com o elemento fogo, podemos aplicar uma energização por impulsoterapia.

É comum, em grandes cidades como São Paulo, por exemplo, ocorrerem incêndios nas favelas que se formam embaixo das pontes e viadutos. As pessoas que habitam esses lugares formam uma verdadeira nuvem negra de formas-pensamento negativa em razão da degradação em que vivem. Essa energia forma uma massa tão densa, quase física, que somente com o fogo pode ser dissipada. Por isso, de tempos em tempos, observamos esses incêndios que destroem tudo em poucas horas e raramente fazem vítimas.

Além dessa providência, devemos fazer o evangelho no lar, ou manter uma reunião de meditação semanal para manter o ambiente em harmonia.

"TOMADORES DE CONTA"

Em trabalhos de magia negra, é comum haver uma equipe de segurança (guarda-costas) junto ao assistido. Nesses casos, a vítima tem instalados, em seus corpos sutis, equipamentos e aparelhos com funções específicas de monitoramento, mantendo-a em contato direto com o quartel-general do mago negro, que é sua base de operações no mundo astral. São aparatos de diversos tipos e finalidades. Alguns servem para ajustar a frequência da vítima com a equipe de comando, outros têm a função de servir como elo na extração da energia vital do assistido com a base de comando.

Para facilitar o entendimento, vamos explicar alguns modelos, mas sabemos que, pela complexidade do assunto, é impossível descrever todos os tipos, formatos e funções, até porque se trata de tecnologia de pouco conhecimento para nossa ciência terrestre, limitando inclusive o nosso entendimento.

Em magias para assuntos amorosos, geralmente apresentam equipamentos parecidos com os antigos cintos de castidade, instalados no chacra básico, que têm a função de inibir a libido, a atração sexual da vítima. Outros são instalados na base do crânio, ligados à glândula pineal, com o objetivo de influenciar os pensamentos da vítima. Esse é um equipamento que normalmente é implantado nas pessoas diagnosticadas com bipolaridade e síndrome do pânico. Têm aparência externa de placas metálicas e internamente são sofisticados sistemas eletrônicos. Outros são instalados nas canelas e nos punhos das vítimas, no estômago, nos rins etc.

A equipe de guardiões, ou "tomadores de conta", tem a função de não permitir a aproximação de ninguém que possa retirá-los das vítimas. Por essa razão, esses seres se apresentam de forma horripilante, com feições monstruosas, objetivando causar medo nos clarividentes ou médiuns que tentam se aproximar do assistido para ajudar. Essa forma dantesca é confundida pelos leigos com os "exus", assim chamados pelas religiões que não se interessam em divulgar o verdadeiro sentido do fato. Cabe ressaltar que "exus" são seres que trabalham diretamente ligados aos elementais da natureza pelas características de seu padrão energético vibratório, e desempenham um papel importante de justiceiros no mundo astral.

Uma técnica muito empregada para desintegrar esses aparelhos é comandar uma espécie de enxurrada de "solvente cósmico" sobre esses equipamentos, com a função de desintegrar, dissolver agrupamentos de energias telúricas.

RESGATE DE ENTIDADES VIOLENTAS

Tenho observado que, no princípio, o trabalhador fica um pouco receoso com a manifestação de entidades que se mostram violentas e ameaçadoras.

Nos trabalhos de magia negra, em geral, são encontrados equipamentos ou chips instalados nas vítimas que passam por atendimento. Esses aparatos têm a função de ligar diretamente o assistido ao quartel-general que comanda a ação do trabalho implantado, cuja vítima passa a ser um fornecedor permanente de energia ao grupo obsessor; este, por sua vez, normalmente tem um mago negro no seu comando. Essa entidade é um profundo conhecedor de manipulação de energias, além de contar com uma equipe de cientistas desencarnados que têm a função de criar os aparatos com tecnologia de ponta e pouco conhecidos pela nossa ciência.

Para fazer o papel de "segurança", entram os "tomadores de conta", citados acima. Essas criaturas, para cumprir o seu papel, apresentam-se desfiguradas e violentas para assustar a vítima ou quem tentar se aproximar dela. Quando são trazidos para o ambiente de apometria, elas tentam de todas as maneiras manter a eficiência do seu trabalho, ameaçando os trabalhadores com agressões verbais. Prometem persegui-los, vingar-se etc., mas, na verdade, são demonstrações de desespero por perderem a vítima. Isso significa que as consequências para eles são penosas devido às regras do grupo a que pertencem. São tratados sob medo e violência e receberão severos castigos se fracassarem em sua função. O fato de adentrarem na sintonia do grupo significa que estão sob controle da equipe espiritual que direciona os trabalhos.

Em alguns casos, é necessário mostrar-lhes que a dor imposta ao outro tem um efeito bumerangue (lei do retorno). Para tanto, com o único propósito de mostrar-lhes que eles estão num ambiente onde a força é maior do que a deles, somos obrigados a demonstrar todo o poder das leis universais e, assim, aplicamos as leis de tempo, transportando-os para o futuro em saltos quânticos, mediante a contagem pausada com pulsos energéticos. Visitando o futuro, deparam-se com as consequências pelo fato de atuarem burlando as leis universais e passam a sentir todo o constrangimento do assistido que está sob sua guarda. A dor é profunda e começa por um zumbido que o médium sente na cabeça. Então, prosseguimos contando e aumentando a dose do próprio veneno até o momento que o agressor desiste, pois não suporta mais a dor. Nesse instante, pede para parar e em seguida fazemos a contagem regressiva para o nosso tempo presente, conforme a técnica descrita na décima lei da apometria.

Tão logo ele retorne, aplicam-se os tratamentos convencionais de recuperação dos corpos, conforme descrito anteriormente, mas com uma diferença: o dirigente trabalha o chacra cardíaco com a cor rosa e o amor da Fraternidade de Maria.

Esses espíritos perderam a referência de amor e é muito difícil para eles voltar a sentir o amor. Então, para facilitar sua sintonia com essa energia, solicitamos a presença de seus familiares ou sua referência de amor, que são os entes queridos de sua última encarnação.

Esses são momentos em que o ambiente é tomado por uma emoção indescritível, quando o ser recém-transformado reconhece a essência do amor na presença dos seus familiares e entes queridos. Em geral, o grupo de trabalhadores não resiste ao pranto emotivo. São cenas muito bonitas e de muito amor. Normalmente, o médium que fez a captação é o que mais se comove com a cena; em alguns casos é necessário aplicar-lhe uma boa dose de energização para que volte ao seu equilíbrio.

OUTRA TÉCNICA DE RESGATE

Outra forma de resgatar o agressor e trazê-lo de volta às leis universais é proceder do seguinte modo: solicita-se a presença dos mestres que fizeram sua iniciação no passado e, em seguida, levamos todos numa viagem de tempo para o passado, no momento da iniciação da entidade. Exatamente naquele instante, pedimos aos seus mestres que apaguem os registros de memória da sua iniciação. Feito isso, aplica-se a técnica de despolarização de memória e subsequente harmonização do seu plano mental com aplicação de energias de amor e bons pensamentos. Retorna-se ao presente e, então, são aplicados os procedimentos de tratamento dos corpos sutis para finalmente encaminhá-lo para o Hospital Amor e Caridade.

Essa técnica só é possível quando a entidade não se mostra agressiva e sim mais renitente, com a ideia fixa de cumprir seu papel e não poder abandonar o seu propósito. Como nesses casos o campo mental é difícil de ser acessado, o caminho mais curto é apagar seus registros de memória para que, quando retornar ao tempo presente, seja mais fácil sentir novamente as sensações de boas vibrações, quando então passará a entender a verdadeira razão da vida.

DESTRUIÇÃO DE BASES ASTRAIS

No atendimento de obsessões complexas, quando o assistido está sob ação de uma equipe de magos negros, é necessário destruir as bases astrais, isto é, a sede ou o quartel-general dessas falanges.

Nesses locais, encontram-se grandes laboratórios com moderno aparelhamento, onde são desenvolvidos sistemas de chips e equipamentos que fogem ao nosso conhecimento devido à alta tecnologia empregada pelos cientistas que fazem parte dessas falanges. Os aparelhos são colocados nas vítimas, em geral no corpo etérico e no corpo astral, com a finalidade de monitoramento diuturno e também para extrair do corpo físico as energias vitais de que necessitam para manter viva a colônia de que fazem parte, do exército e do complexo sistema.

Encontram-se também, nesses locais, departamentos que funcionam como cadeias, onde são mantidos como reféns os corpos sutis das vítimas sob seu domínio, além de departamentos de experimentos que lembram as antigas masmorras da Idade Média, munidas de equipamentos de tortura e toda espécie de atrocidades. Esses corpos, em geral, são raptados durante o sono físico das vítimas que estão sob o efeito da magia negra, clonados e mantidos como reféns para estudos e manutenção do processo instalado, de acordo com o grau de comprometimento da vítima.

Antes da destruição desses locais, é necessário retirar as vítimas e encaminhá-las para os hospitais do astral, instalados em suas colônias de origem, além de oferecer a oportunidade para os integrantes da falange que queiram fugir das garras dos seus comandantes. Após a retirada de todos do local, procede-se à destruição. Para tanto, utilizo o comando sob contagem vigorosa e impulsos energéticos, determinando uma ação conjunta meteorológica com os elementais da natureza e a participação da equipe de segurança, sempre entregue aos cuidados da egrégora da umbanda, representada pelos caboclos e demais componentes.

Em segundos, verdadeiros castelos são transformados em montes de pó energético que são transmutamos em energias saudáveis na forma de paisagens da natureza, para que possam servir de oásis astrais. Sob contagem e impulsos energéticos, determinamos a formação de uma fonte de água crística, árvores frondosas e frutíferas, lago com peixes e demais formas animais para recompor o cenário.

RESGATE DAS ENTIDADES DE BASES ASTRAIS

Esses locais são identificados pelos trabalhadores na forma de cavernas ou buracos negros, poços secos etc., que podem estar na casa do assistido. Todas as visões e ilustrações imaginárias dos médiuns mostram sempre um portal que consiste na "entrada" da base astral.

Ao identificar a base, determino por contagem e impulsos energéticos a formação de um grande tubo dourado por fora e prateado por dentro, desde a sua entrada até o Hospital Amor e Caridade, com um sistema de sucção, e procedo ao resgate das vítimas com contagem lenta e estalar dos dedos. Ao mesmo tempo, comando a ação de cromoterapia reforçada pelas cores violeta e rosa, que atuam com a transmutação e o amor universal. Algumas vezes, os trabalhadores indicam a necessidade de água crística no local e também algumas ervas ou aromas. Após alguns segundos, determino que todos os atendidos sejam resgatados com contagem até cinco ou dez e reforço o atendimento com participação efetiva da equipe de resgate, que remove as vítimas sem condição de caminharem por si com macas e demais apetrechos pertencentes à equipe.

Ao mesmo tempo que as vítimas são retiradas, determino a reconstrução de seus corpos com tratamentos específicos, tais como cromoterapia, ervas, florais e demais sugestões da equipe de trabalhadores. Isso ocorre simultaneamente ao resgate e ao encaminhamento para o Hospital. Oferecemos esse tratamento também aos integrantes da falange que pretendem se redimir e aceitar a oferta de serem tratados e encaminhados para o Hospital, o que acontece concomitantemente.

Passamos então à destruição literal da base astral. Sob contagem e impulsos energéticos, determino uma ação meteorológica em conjunto com os elementais da natureza que, em segundos, destroem o local. Determino a contagem até três ou cinco para a desintegração atômica que acontece no campo energético, testemunhada pelos trabalhadores.

Em seguida, passamos a reconstruir o local de acordo com a orientação recebida pelos trabalhadores, conforme já especificado no tópico anterior. Algumas vezes, temos recebido orientação para transformar o local em hospitais, reconstruindo e colocando todos os equipamentos e apetrechos necessários para o seu bom funcionamento.

DRENAGEM ENERGÉTICA — ENTIDADES NO PADRÃO DE ÓDIO, RAIVA E VINGANÇA

É muito comum encontrar entidades cobradoras que se colocam na situação de vítima em razão de acontecimentos de vidas passadas, quando foram prejudicadas pelos assistidos. Essas entidades permanecem centenas ou milhares de anos na crosta terrestre, vivenciando a experiência de encontrar seu algoz e cobrar prejuízos causados nas situações em que foram vítimas do assistido que, atualmente, encontra-se reencarnado. Nesses casos podem ser vítimas do assistido, como também um nível (subpersonalidade de vidas passadas) do próprio assistido cobrando uma postura de reconciliação com as leis universais.

Podemos citar o exemplo de um atendimento que realizamos há pouco tempo. O assistido nos procurou com muitos problemas financeiros. Dizia que sua vida estava cheia de altos e baixos. Da mesma forma que ganhava dinheiro com facilidade, logo em seguida se desmanchava em suas mãos em razão dos imprevistos que apareciam, ou de contas novas a serem pagas. Tinha também muita dificuldade no relacionamento conjugal; apesar de ter uma excelente e bela esposa, não conseguia sentir nenhuma atração física, chegando a considerá-la como uma irmã. Não tinha coragem de dar um basta no relacionamento, pois, toda vez que pensava no assunto, sentia muita culpa.

No tratamento de apometria, manifestou-se uma entidade muito violenta com extremo ódio e desejo de vingança. Dizia ter sido vítima do assistido que, em outras épocas, havia lhe tirado a filha amada e todo o seu dinheiro. O assistido era um mago que havia prometido cuidar das colheitas do obsessor, que era o senhor feudal. O acordo feito incluía uma soma volumosa em ouro e a filha em casamento depois de providenciar a abundância na lavoura do castelo quando os tempos estavam difíceis para o lorde. Apesar do trato, o assistido, um mago, enganou o lorde, fugindo com o dinheiro e raptando sua filha. O lorde então desencarnou num infarto fulminante ao saber da notícia, prometendo encontrá-lo para reparar a injustiça cometida.

O tempo passou e o lorde continuou no padrão de raiva e ódio, vivendo na crosta terrestre à procura do seu agressor, finalmente encontrado na pessoa do atual assistido. O sentimento de vingança é tão intenso que a entidade cobradora só consegue enxergá-lo como o algoz de antes, mesmo em um corpo físico diferente. O assistido, por sua vez, como se encontra no corpo físico com o véu do esquecimento de seu passado, não reconhece a tremenda injustiça que o cobrador apresenta.

A técnica utilizada para acalmar a entidade cobradora foi a seguinte: a entidade cobradora é canalizada por um médium, que manifesta toda a sua ira. A seguir, o dirigente coloca o dedo indicador direito no centro do peito do assistido na altura do coração e o dedo indicador esquerdo nas costas do médium na mesma altura do outro dedo, como se estivesse fazendo uma conexão direta entre seus dedos. Comanda sob pulsos energéticos e contagem a construção de um tubo metálico (tubo condutor com tamanho semelhante a um canudinho de refrigerantes), com aparência de cobre, entre seus dedos, atravessando o corpo do médium. Sob contagem firme, comanda a remoção de toda a energia de ódio, raiva e vingança do chacra cardíaco da entidade. O dirigente determina a remoção das energias de ódio, raiva, vingança etc., expurgando toda a carga emocional que apresenta a entidade. Esse duto condutor funciona como uma saída de energias pelas costas do médium e entrada das energias regeneradoras pelo peito. Os trabalhadores começam a perceber as energias saindo do corpo fluídico do médium incorporado.

O médium que incorpora a entidade geralmente começa a reclamar de muita dor quando é tocado pelos dedos do dirigente. Chega um momento em que os trabalhadores sentem que a energia a ser removida se esgotou e, a partir de então, o dirigente comanda o preenchimento do chacra com a energia rosa e outras cores que os trabalhadores indicarem, fomentando o amor na entidade que, em segundos, muda seu padrão vibratório. Em geral, o médium incorporado apresenta sinais de fadiga ou relaxamento da entidade em virtude de ter sido induzido pela energia do amor incondicional. Nesse momento, o dirigente comanda a finalização do procedimento do tratamento e promove o encaminhamento para o Hospital Amor e Caridade.

8 | ORIENTAÇÃO PARA DIRIGENTES DE APOMETRIA

Muitas vezes nos preocupamos demais com a parte teórica e nos esquecemos da prática da verdadeira caridade, que consiste em doar nosso amor nos trabalhos. Faz parte de nossa educação seguir à risca todas as normas estabelecidas.

Tenho aprendido, ao longo desses anos de atendimento, que nossa participação no trabalho de apometria é muito pequena comparada com a atuação do grupo socorrista espiritual, que utiliza muitas técnicas ainda desconhecidas por nós, e cujo tempo de realização das tarefas é significativamente diferente.

Nós atuamos num mundo tridimensional, onde o tempo é fechado num espaço, contado em horas e minutos. O plano espiritual trabalha na velocidade da luz, que é como pensar e agir ao mesmo tempo. Faça um teste com você, caro leitor: feche seus olhos e pense num lugar onde você gostaria de estar neste momento. Pronto! Você já está lá. No entanto, se tivesse que levar seu corpo físico até lá, certamente teria todo o inconveniente do transporte, trânsito. Muitas vezes, durante os trabalhos, enquanto estamos ainda numa contagem para realizar a tarefa, o plano espiritual já o fez. Isso pode ser checado por alguns médiuns clarividentes, ou seja, é comum o dirigente perguntar ao grupo se pode encaminhar uma entidade atendida para o hospital e, enquanto pergunta, antes mesmo de proceder o encaminhamento, os trabalhadores percebem que o fato já se concretizou.

Portanto, se você está iniciando suas atividades como dirigente, não se preocupe muito com as palavras, e sim com o seu pensamento, voltado para a realização da tarefa. Esteja consciente de que seu papel na direção é o mesmo do comandante de um navio. A sua preocupação consiste em direcionar e conduzir o grupo com disciplina e comando firme a fim de transmitir-lhe segurança durante o percurso de suas viagens, cujo objetivo é curar os assistidos. E lembre-se: o combustível dessa viagem é o amor. Seu papel mais importante no grupo é manter a sintonia de todos com o amor e as fraternidades que comandam as tarefas. Desse modo, dificilmente haverá manipulação de entidades trevosas inteligentes e dispersão do grupo. Pelo contrário, cada vez mais essa união se fortalecerá.

Muitos de nossa equipe já testemunharam que, enquanto trabalham sentados como médiuns, sua sintonia está totalmente voltada para captar as sensações do assistido, eles sentem, enxergam, ouvem, enfim fazem praticamente tudo em relação ao assistido; no entanto, como disse uma de nossas colaboradoras, a partir do momento em que se levanta, ou seja, assume o papel de dirigente, parece que some tudo quanto é intuição e passa a ter uma espécie de contato diferente dos sintomas normais de médium com a equipe de dirigentes da colônia "Amor e Caridade".

Arnaldo, um grande colaborador de nossa equipe, cita um caso seu particular. Conta que, numa de suas primeiras experiências como dirigente, durante o atendimento, sentia muita necessidade da participação da equipe de umbanda, em particular da egrégora dos "pretos velhos", e tentou insistentemente sintonizar-se com sua entidade amiga em especial, mas não conseguiu. Em seguida, alguém do grupo captou a presença da linha de umbanda que se manifestou e completou a tarefa. Com espanto, após os trabalhos, afirmava que se sentia frustrado porque era a primeira vez que, com tanto tempo de trabalho na umbanda, não conseguia o contato com seus amigos espirituais. E revelou que, mesmo querendo, é quase impossível o dirigente conectar-se com as sintonias do assistido a não ser que, por qualquer razão, saia do seu equilíbrio e entre em ressonância magnética com os desequilíbrios apresentados pelo padrão vibratório do assistido, tais como sentir pena ou mesmo raiva dele.

Esse é um dos motivos que nos leva a recomendar que pessoas com ligações íntimas não participem do mesmo grupo para serem assistidos nem para trabalhar.

TREINAMENTO DE DIRIGENTES DE TRABALHOS

Para formar dirigentes de trabalhos em apometria, utilizo um método simples que tem demonstrado resultados eficientes.

Uma vez por semana, convocamos os trabalhadores com potencial para direção de trabalhos para que possamos atuar na prática. Isso significa permitir ao dirigente ganhar autoconfiança e atuar com eficiência.

Formamos grupos de quatro pessoas, todas selecionadas por um processo de triagem na mesa quantiônica. Nesse dia, cada grupo atende, no máximo, entre dois e três assistidos. Funciona como um grupo de trabalho normal, com a diferença de que cada trabalhador faz o papel de dirigente da seguinte forma: o primeiro assistido é atendido pelo dirigente; terminado o atendimento, antes de chamar o próximo assistido, o trabalhador A senta-se para atuar como um trabalhador normal e o trabalhador B assume o papel de dirigente, e assim sucessivamente, promovendo o rodízio natural de atendimentos com a troca dos dirigentes.

Quando o número de assistidos for menor do que de dirigentes, o trabalhador que não atuou como dirigente naquele dia será o próximo da lista no encontro seguinte.

Ao terminar os trabalhos, com a presença de um mediador (um dirigente mais experiente), o grupo se reúne para fazer as críticas e os apontamentos para melhorar o desempenho de todos como trabalhadores dirigentes. O fato de todos os participantes atuarem como dirigentes e tecerem seus comentários sobre o outro e, ao mesmo tempo, serem alvo de críticas melhora muito a capacidade de entendimento entre o grupo. Esse procedimento tem sido muito satisfatório para a formação de dirigentes. Em pouco tempo, o grupo se dispersa e volta a atuar nos grupos normais de trabalho, permitindo que outros trabalhadores participem dos treinamentos.

Todos os trabalhadores assíduos e disciplinados, comprometidos com a responsabilidade dos trabalhos, devem participar desse tipo de treinamento. Entendo que um trabalhador de apometria esteja apto a praticar todos os tipos de mediunidade em benefício do próximo e de si mesmo, ora como dirigente, ora como médium colaborador.

DIRIGENTE NÃO FICA MEDIUNIZADO

É interessante o relato de alguns trabalhadores que iniciam a tarefa como dirigentes. Eles afirmam que, enquanto estão trabalhando sentados, como médiuns, percebem, sentem, enxergam, incorporam etc. Assim que se levantam, para assumir a função de dirigentes, parece que tudo se apaga. Alguns chegam a afirmar que, por hábito, às vezes tentam entrar na sintonia do trabalho, mas não conseguem, conforme descrito anteriormente. O trabalhador, quando está na função de dirigente, passa a ter outro tipo de sintonia, ou seja, deixa a sintonia da equipe socorrista para ajustar-se com o dirigente espiritual dos trabalhos. Por essa razão, insistimos que o dirigente não deve tomar nenhuma decisão quanto aos procedimentos durante um atendimento sem antes consultar os trabalhadores. Esta é a principal função do dirigente: servir como mediador. Consultar sempre os trabalhadores quanto às providências a serem tomadas antes de dar os comandos, mesmo que não venha nenhuma orientação dos trabalhadores e, se porventura ele, dirigente, receber a intuição de realizar alguma técnica específica, deverá consultar os médiuns para ratificar a decisão.

O dirigente que trabalha só com suas intuições, sem se voltar para o grupo, pode ser facilmente influenciado por entidades malignas e muito inteligentes.

A FUNÇÃO DO DIRIGENTE

É importante entender que o dirigente de apometria é o único participante não desdobrado em seus corpos sutis. Por não estar desdobrado, deve isentar-se de seus atributos mediúnicos enquanto estiver dirigindo um grupo de atendimento. Fica fácil compreender se prestarmos atenção no fato de que todo médium desdobrado tem sua percepção extrassensorial potencializada, isto é, seu campo espiritual está aberto para captar as sintonias necessárias aos procedimentos de cada trabalho. Portanto, está mais suscetível a influências e manipulações energéticas de outros seres.

Se o dirigente facilitar a sua abertura para captações, pode facilmente ser envolvido por manipulações energéticas mentais de magos negros, profundos conhecedores dessas técnicas, trazendo consequências desastrosas para o trabalho.

Já fui testemunha de um caso em que o envolvimento foi de tal ordem que o dirigente, por vaidade, passou por um processo obsessivo de sublimação bem difícil de solucionar. Recebia orientações sistemáticas do mago negro, que o dirigia enquanto imaginava que estava dirigindo a todos. Nessa condição, é muito difícil alguém perceber o envolvimento a que está sujeito.

Um bom dirigente se comporta como um verdadeiro líder de equipe. Incentiva o trabalhador ao mesmo tempo que o ampara. Não decide nada se não tiver a confirmação de sua equipe. Ele pergunta sempre o que fazer e qual o melhor procedimento ou técnica a ser aplicada, mesmo na mais simples condução do espírito assistido e tratado para o hospital de sua sintonia. Nesse caso, ele pergunta: — Posso encaminhar o assistido?

As tentativas de manipulação num trabalho de apometria ocorrem constantemente, em especial quando se trata de magia negra. Por esse motivo é importante o dirigente estar lúcido, sem se envolver mediúnica e emocionalmente com o assistido ou com algum trabalhador em especial. Assim, pessoas com estreitos laços afetivos são orientadas a trabalhar em grupos diferentes.

A SEGURANÇA DO GRUPO

Como tudo na vida, todo o processo do trabalho acontece a partir de nossa mente. O que passa pela mente e se transforma em pensamento é o que se transformará numa ação material. Qualquer realização que possa acontecer na vida real, cotidiana, física, material, passa antes pela mente de quem a executa. E a possibilidade de realização de um pensamento está no quanto cada um acredita que é capaz de colocá-lo em prática.

Às vezes, nossos desejos não se concretizam porque no meio do caminho perdemos a convicção necessária para finalizar o processo e nos envolvemos na dúvida, na falta de fé em nós mesmos.

Da mesma maneira, a força de um grupo de trabalho de apometria está na união de seus componentes e na crença de que todos juntos podem tudo. Um grupo de apometria é como uma corrente na qual cada componente é um elo. Se todos mantiverem sua fé inabalada no trabalho, em si próprios e na equipe espiritual que os dirige, nada que não esteja dentro dos padrões estabelecidos pelas leis universais pode acontecer ao grupo.

Quando um dos integrantes vacila em sua crença, é como um elo da corrente que enferruja e se rompe. Na falta de fé e união, o grupo perde a hegemonia e fica energeticamente debilitado, podendo ser alvo de manipulação de energias intrusas, principalmente em atendimentos em que magos negros, exímios magnetizadores, estão presentes.

O combustível de qualquer trabalho espiritual e também de apometria é o amor. Essa energia que podemos sentir faz a grande diferença entre o grupo de trabalhadores e as entidades que passam por orientação e tratamento. Por essa razão, a sintonia dos trabalhadores é afinizada com a equipe espiritual, que, na verdade, realiza toda a tarefa. Quando uma entidade adentra o ambiente energético do grupo, é porque houve permissão e faz parte do seu momento cósmico; é a oportunidade de mudar sua vida, compreendendo as leis universais.

Por isso, nenhum assistido deve ser encarado com sentimentos de pena, culpa ou outro desequilíbrio emocional. Assim como não há por que ter medo dos magos negros. É preciso ficar atento para não entrar no padrão vibratório do medo para a corrente não se quebrar. Se isso ocorrer, os médiuns passam a ser manipulados pelos obsessores, que desequilibram o grupo. É comum, nos atendimentos a magos negros, a tentativa de desestabilizar a equipe, plasmando figuras e pensamentos de insegurança e medo por telepatia, arte em que eles são mestres.

Se, por qualquer motivo, um dos componentes baixar seu padrão vibratório, certamente estará exposto e será presa fácil desses ataques, o que comprometerá todo o grupo. Mas não significa exatamente uma tragédia. O pior que pode acontecer é o atendimento não ser realizado nesse dia, sendo agendada uma nova data. Se a equipe não se corrigir, fatalmente a pessoa será assistida com outro grupo.

Em geral, nesses casos, quando o mago negro consegue atuar sobre um dos médiuns, o dirigente recebe intuitivamente a orientação para mudar o comportamento de sua atuação junto ao grupo. Nesses casos, costumo pedir a sintonia com a equipe de umbanda e a presença da egrégora de caboclos. Peço a todos que se levantem e façam em si mesmos uma limpeza energética, como se estivessem tomando um banho de cachoeira ou chuveiro e, literalmente, limpem o corpo com as próprias mãos, principalmente a nuca, a cabeça e o restante do corpo, dirigindo as energias eliminadas para o chão. Depois, elevo o padrão energético do ambiente, reforçando a sintonia com a equipe do Hospital Amor e Caridade por meio da contagem e pulsos energéticos. Em poucos segundos, tudo volta ao normal.

ASSISTIDO QUE COMPARECE POR OBRIGAÇÃO

Tenho me deparado com casos interessantes de pessoas que comparecem ao atendimento e nada se consegue fazer. Fazemos a abertura de praxe, explicamos o trabalho que será realizado, orientamos para sua postura com sentimentos de fé e pensamentos elevados etc. Quando passamos para o procedimento propriamente dito, parece que tudo fica complicado.

Lembro-me de um senhor, com pouco mais de quarenta anos, muito simpático e educado, que se sentou na cadeira, ajeitando seu corpo de forma confortável, como se estivesse se preparando para fazer sua parte no trabalho. Fechou naturalmente os olhos para se concentrar nas suas preces e se ligar com suas divindades. Vi que pousou as mãos sobre as coxas com as palmas voltadas para cima, na postura típica de quem está habituado a frequentar uma casa espírita para receber passes magnéticos. Deu um longo suspiro, ratificando sua intenção, e nós iniciamos os trabalhos.

Eu estava seguro de que ali se encontrava alguém disposto a colaborar e se regenerar no seu aspecto evolutivo espiritual, e, imbuído de toda minha boa vontade, dei comando para a captação das sintonias, o que não aconteceu. Passaram alguns minutos e eu insistia no ajuste fino de frequência dos médiuns para que o trabalho pudesse acontecer... e nada. Não acreditava no que estava ocorrendo. Insisti com os médiuns, achando que algum trabalhador não estava em sintonia. Ratifiquei nosso ajuste de frequência com a equipe do Hospital Amor e Caridade... e nada. Apesar das precauções iniciais de todo trabalho que realizo, verificando as condições de cada trabalhador, perguntei se havia alguém sem condições de trabalhar, por se tratar do primeiro atendimento daquele dia.

Todos estavam bem, mas o trabalho continuava emperrado, sem que eu pudesse imaginar que pudesse ter algo de errado com o assistido. Diversas vezes olhei para ele e o vi firme na sua postura de "santo kardecista".

Novamente insisti com os médiuns, até o momento em que chamei a egrégora de caboclos, imaginando tratar-se de alguma entidade inteligente que estivesse manipulando os trabalhos. Para minha surpresa, incorporou uma entidade conhecida nossa, rindo como nunca se manifestara antes. Tratava-se de uma entidade da egrégora da umbanda, muito séria, que sempre se apresenta quando necessitamos de uma ação mais contundente no campo da disciplina, e eu não conseguia imaginar aquela criatura se comportando daquele modo.

Passado o tempo da surpresa, a entidade parou de rir e disse:

— O amigo já perguntou para o assistido se ele quer estar aqui?

Fiquei chocado, mas, como conhecia a entidade e até pelo respeito que merece, indaguei ao assistido:

— Qual o motivo que o trouxe a esta casa?

Ao que ele respondeu, suspirando aliviado e desfazendo sua postura formal:

— Sabe, é que minha esposa é muito exigente. Se eu não viesse, teria que ficar ouvindo "história" por muito tempo. Por essa mesma razão é que vou à casa espírita com ela e faço tudo direitinho como eles mandam. Não que me agrade, mas ouço a palestra atentamente e, algumas vezes, até me esforço para não dormir, mas acabo dando umas "pescadas". Fazer o quê, né? Então, já me habituei. Eu faço o que minha esposa manda, e ela não interfere no jogo de futebol quando quero assistir pela televisão, tampouco na minha cervejinha...

Assim que ele terminou a frase, outra médium incorporou um de seus níveis que se apresentava recém-acordado e confirmou:

— Vai demorar muito hoje? Será que vocês vão me deixar cochilar em paz?

Diante disso, encerrei o atendimento rapidamente e demos alta ao assistido sem mais comentários. Quando ele saiu da sala, veio a lição. O mesmo caboclo, em voz terna e amiga, anunciou a sentença: fui reprovado na minha atuação como dirigente a partir do momento em que julguei sobre a condição do assistido pela sua aparência socialmente louvável.

Muitos são os casos em que as pessoas comparecem ao tratamento porque alguém mandou, e não porque acreditam no trabalho. Por isso, é muito importante o dirigente estabelecer contato com seu grupo antes de iniciar qualquer procedimento, e perguntar à equipe se pode ser iniciado o tratamento.

O ESPÍRITO MILENAR DA MENININHA DE CABELOS DOURADOS

Outra faceta interessante no meu aprendizado aconteceu ao atender uma bela menina, com aproximadamente seis anos de idade. Era uma coisa "fofa"! Vestidinho rodado, cor-de-rosa, cabelos louros, com cachos amarrados com fitas combinando com o tom do vestido. Sentou-se ao lado da mãe e parecia uma adulta, cruzando os pés e apoiando-se nos joelhos com um jeito muito dengoso.

Ao perguntar-lhe seu nome e data de nascimento, respondeu com voz charmosa e fala ensaiada, mostrando-se um encanto de menina, que estava acima da média. Tomou conta da sala, literalmente, deixando todos os trabalhadores sintonizados em sua ternura.

Como fazia pouco tempo que havia tomado uma bela reprimenda no caso que relatei acima, lembrei que "gato escaldado tem medo de água fria", por isso mantive minha postura e meu olhar firme para a mãe, e observei como ela se encantava com o comportamento da filha, toda vaidosa.

Como não trabalhamos sozinhos e temos uma boa orientação de comando, como qualquer grupo de apometria que trabalha com seriedade, intuitivamente fui alertado a prestar atenção à mãe e não à criança. Quando dei por mim, olhei ao redor e percebi que não havia um médium sequer que não estivesse fascinado pelo encanto daquela formosura de criança. Nesse momento, ouvi o riso carinhoso do nosso amigo caboclo. Num instante, lembrei-me da situação anterior e percebi a manobra energética.

Imediatamente, apesar de não ser de praxe, perguntei à mãe qual o motivo de ter procurado nossa ajuda. Ela respondeu que estavam acontecendo coisas estranhas em sua casa: como barulhos noturnos, portas de armários abrindo sozinhas, cortinas que esvoaçavam sem vento e com janelas fechadas, até que, de uma hora para outra, o fogão ascendeu-se, pegando fogo numa panela com óleo que fora utilizada para frituras anteriormente, o que quase provocou um incêndio pelo fato de não haver ninguém por perto. Com isso, ficou assustada e resolveu procurar ajuda.

Indicaram o nosso instituto, onde poderíamos cuidar de sua filha, que era o instrumento desses acontecimentos, conforme informação de um médium clarividente consultado.

Não houve tempo de abrir os trabalhos, pois a bagunça na sala começou desenfreada: voaram cadeiras no espaço, cinco dos seis médiuns incorporaram figuras brincalhonas e outras agressivas, que contestavam a intenção de nosso trabalho e exigiam que parássemos.

Mais uma vez, graças à proteção e ao amparo da equipe espiritual, um único médium não entrou na sintonia conforme os demais, e foi o suficiente para, juntos, eu e ele, trabalharmos na restauração da ordem e disciplina da sala.

Convoquei a presença da equipe da umbanda com todos os integrantes de nossa equipe, que iniciaram um trabalho fantástico de manipulação energética sobre os assistidos. Depois, dei o comando para que o único médium fora da sintonia geral se colocasse à frente da menina, formando um escudo, que reforcei com o material bipolar que tem a capacidade de isolar os campos energéticos. Foi quando pude aplicar em cada médium a técnica de congelamento da entidade captada e, assim, readquiri a direção do grupo, tratando todas as entidades e encaminhando-as para o Hospital Amor e Caridade.

Prossegui com o atendimento e consegui finalizar os trabalhos com desenvoltura e eficiência, graças ao amparo dos amigos espirituais que sempre estão comandando as atividades no plano astral.

Mais uma vez, aprendemos a lição pela manifestação de um preto velho, de quem recebemos a seguinte frase:

— Quem vê cara não vê coração. A linda menininha é o verniz encarnado de uma bruxa milenar que está tentando aprender a usar seus poderes em nome do amor universal. Por essa razão ocorrem os fenômenos mediúnicos de materialização em sua casa; para chamar a atenção dos adultos a encararem essas práticas com olhar de aprendizes.

O ASSISTIDO DEVE PERMANECER NA SALA DE ATENDIMENTO?

Essa é uma questão relevante que devemos considerar. Em muitos casos, o assistido acaba manipulando inconscientemente o padrão energético do grupo, interferindo na sintonia dos trabalhadores. Isso representa tempo e energia dispensados desnecessariamente.

Devemos lembrar que o assistido que procura um tratamento de apometria, em geral, é um sensitivo que não está em equilíbrio e ainda desconhece o seu potencial energético. Pessoas com personalidade forte, dominadoras, com facilidade para se expressar e alto poder de convencimento são mestres na manipulação de energias. Quando estão desequilibradas, utilizam suas características de força mental descontrolada sem saber que o estão fazendo.

Nesses casos, procuro manter o assistido na própria sala de atendimento, pedindo-lhe que procure, dentro do possível, não prestar atenção ao que os médiuns falarão durante o atendimento. Para tanto, incentivo-o a usar o poder da imaginação para realizar uma viagem em pensamento a um lugar onde sinta prazer de estar. Nem sempre o assistido consegue permanecer lá, em especial os assistidos manipuladores e controladores. Eles querem ficar atentos aos acontecimentos para não perder o controle sobre si mesmos.

Quando sinto que há interferência do assistido, interrompo o trabalho, elevo o padrão energético do grupo, ajustando a sintonia fina com o Hospital Amor e Caridade, e peço instruções à equipe, perguntando se devemos ou não retirar o assistido da sala. Em caso afirmativo, solicito que o assistido aguarde fora da sala, nas mesmas condições que estava durante o atendimento, e prossigo com os trabalhos até o encerramento. Nesse momento chamo o assistido de volta à sala e fecho o trabalho.

Acredito que a permanência do assistido na sala faça parte do tratamento, cujo objetivo é fazê-lo participar dos trabalhos de forma indireta, ouvindo o que se fala, e decidir se participa mentalmente ou não. Por essa razão, considero importante que o assistido permaneça na sala de atendimento durante os trabalhos.

Se for inconveniente o assistido participar, ser atendido naquele dia ou naquele momento, a equipe espiritual se encarrega de intuir o dirigente ou um trabalhador do grupo para esse fato. Vou dar um exemplo:

Um jovem de 28 anos de idade, alto, forte, executivo de uma grande empresa, altamente ativo e com seu campo mental em total descontrole, procurou-nos para atendimento. Era uma pessoa dominadora e controladora ao extremo, que já não percebia os exageros de suas afirmações. Sentia-se tão especial que não aceitava ser atendido na ordem de agendamento da casa e tentou, com todos os seus argumentos, convencer a recepcionista a fazer uma concessão no seu caso, que considerava de alta relevância e urgência. Vale observar que ele nem sabia o que significava a palavra apometria.

Com muito custo, foi marcado o primeiro atendimento, que, aliás, foi um caos devido à alta manipulação inconsciente daquele jovem. Ele foi retirado da sala sob seus protestos, alegando que o grupo estava escondendo informações dele. Com isso, o trabalho se estendeu além do tempo normal.

Marcado o segundo atendimento, ele não compareceu, alegando que precisou fazer uma viagem de negócios muito importante. Remarcou e compareceu. Do mesmo modo, o trabalho foi difícil em razão de sua intervenção. Marcou o terceiro retorno e também não compareceu, argumentando motivos profissionais inadiáveis.

Quando tentou remarcar novamente, a agenda de atendimentos estava cheia e só poderia ser remarcado para trinta dias depois. Isso levou o rapaz ao desespero. Sua argumentação foi tão enfática que a recepcionista acabou cedendo e fez um encaixe de emergência para outro dia diferente do que ele já estava acostumado a frequentar.

Vale ressaltar que não é regra, mas, sempre que possível, deixamos uma ou duas vagas na agenda para atender possíveis situações de emergência. Consideramos situação de emergência, por exemplo, pessoas que chegam ao Instituto BioSegredo em estado de crise aguda, surtos, como o caso de uma moça de quinze anos que estava incorporada e inconsciente havia dois dias.

No dia marcado, o rapaz chegou atrasado, e os grupos de atendimento já haviam terminado os trabalhos. Para variar, com sua insistência e persuasão, conseguiu fazer com que a recepcionista interrompesse a reunião de esclarecimentos que estávamos fazendo após o término dos trabalhos, como é de praxe. Então, resolvi atender o rapaz. Preparei novamente o grupo e perguntei se poderíamos atendê-lo. Com a afirmativa do grupo, fui chamá-lo na sala de espera. Ele entrou com um sorriso vitorioso nos lábios, saudando a todos de modo simpático e brincalhão, como costumava fazer, com aquela forma de domínio verbal que usa nos grupos em que se apresenta.

Quando fui iniciar o procedimento, seu celular tocou. Pedi que ele o desligasse. Ele não o fez, colocou o equipamento no sistema silencioso, alegando que aguardava uma ligação importante. Esperei pacientemente em pé, na sua frente, que ele fizesse as operações do celular e o guardasse novamente no bolso. Mas, antes que isso acontecesse, eu lhe disse, no mesmo tom jocoso em que havia utilizado ao entrar na sala, o seguinte:

— Não há pressa, afinal de contas, todos nós estamos aqui à sua disposição e especialmente para atendê-lo. Nenhum de nós tem mais nada para fazer que seja tão importante quanto o seu telefonema, e nossas famílias também podem aguardar até que você resolva ser atendido.

Nesse momento seu semblante ficou tenso e percebi um ar de mudança. Ele então desligou o aparelho celular e iniciei os procedimentos.

Pedi seu nome, data de nascimento e, em seguida, como se tratava de seu terceiro atendimento, e como é de praxe, perguntei que nota ele se daria entre zero e dez, comparando seu estado atual com o início do seu atendimento. Ele disse que se daria a nota cinco. Então indaguei se ele havia feito a "lição de casa". Afirmou que não havia feito porque nem se lembrava qual era a lição. A seguir, pedi ao grupo que se concentrasse e saísse da sintonia dele, que já estava dominando a todos. Alguns trabalhadores já estavam se sentindo irritados com ele, o que é um sinal de interferência no padrão da energia do grupo.

Fiz um procedimento de limpeza energética para elevar o padrão energético do grupo e perguntei se tínhamos autorização para efetuar o atendimento. O grupo foi unânime em responder negativamente. Virei para ele e disse que infelizmente não seria possível naquela noite e ele deveria remarcar um retorno. Ele então se levantou da cadeira bruscamente e saiu da sala, revoltado, afirmando que nós não estávamos com Deus e era um absurdo tratá-lo daquela forma.

É claro que até hoje ele não retornou para terminar o tratamento. E meu mentor, aqui ao meu lado, neste momento em que estou escrevendo, descontraidamente me pergunta:

— Será que ele iniciou um tratamento?

O ESTUDO DE APOMETRIA

É muito importante que os grupos se reúnam periodicamente para trocar informações. Não podemos esquecer que o trabalho de apometria é dinâmico e, geralmente, os grupos recebem informações de novas técnicas de atendimento para casos específicos. Cabe aos dirigentes trocar as informações e até conferir a autenticidade das técnicas recebidas.

Cada participante, seja dirigente ou trabalhador, é responsável por seu desempenho e, para tanto, sempre que houver um assunto novo, é sua responsabilidade melhorar seus conhecimentos a respeito do tema, visando tornar-se uma ferramenta útil para os trabalhadores espirituais. Cada um, do seu jeito, deve buscar seu aprimoramento como trabalhador através de leitura, cursos, palestras e outros meios a que possam ter acesso para desenvolver seus potenciais. Por exemplo, médiuns que encontrem afinidade com procedimentos de cirurgia espiritual necessitam, no mínimo, conhecer um pouco da anatomia humana. Desse modo, estarão colaborando com maior sintonia com a equipe espiritual.

ABERTURA DE TRABALHOS

A seguir, vou indicar como procedo à abertura de um trabalho de apometria. É importante salientar que o método que utilizo é só uma referência, para ser tomada como base. Cada dirigente, com o tempo e a sua experiência, desenvolve o seu próprio método, adaptando-o às suas características e às suas convicções e ligações energéticas.

PREPARAÇÃO DOS TRABALHADORES

Peço aos participantes uma postura de introspecção, respiração profunda e pensamentos de agradecimento às boas coisas da vida, para facilitar a entrada em estado alfa. Alguns preferem entrar em contato com suas divindades por meio de orações, como o "Pai-Nosso". Cada um faz do seu jeito, de preferência em silêncio, para não interferir na ação do companheiro ao lado.

Em seguida, invoco a presença de meu mentor pessoal e o de cada participante para facilitar a conexão que determino com todas as entidades amigas que tomarão parte na condução, orientação e proteção dos trabalhos, nomeando:

Determino a conexão com a Grande Hierarquia Espiritual Estelar; a Nave Santa Esmeralda (verde); a Grande Fraternidade Branca; Os Chohans e os 49 Raios; os Mestres Iniciáticos e Ascencionados; os Orixás e sua equipe de colaboradores, representados pelas linhas da umbanda, na figura dos Pretos Velhos, Índios, Caboclos e demais componentes, além de todos os elementais da natureza e, principalmente, a conexão com nosso Mestre Melquisedeque e sua equipe de trabalhadores estelares.

Iniciamos os trabalhos agradecendo pela presença de todos os amigos encarnados e desencarnados de todas as faixas evolutivas que se encontram presentes para a tarefa crística que realizaremos.

Costumo fazer uma saudação respeitosa estalando os dedos (pulsos energéticos) e reverenciando a presença dos amigos espirituais com um cumprimento semelhante aos orientais, levando a mão direita ao chacra cardíaco, em seguida ao frontal e elevando as duas mãos espalmadas para o alto. Depois, damos início à construção e formatação de todos os equipamentos e aparatos necessários aos trabalhos do dia.

FORMAÇÃO DOS CAMPOS DE PROTEÇÃO

Iniciamos pela construção da pirâmide azul com uma estrela sobre o vértice principal, que fica voltado para cima. Essa pirâmide envolve toda a casa a partir do terreno. Em seguida, construímos a pirâmide rubi, também com uma estrela na ponta do vértice principal, que fica voltado para baixo, em direção ao magma da Terra e acoplada à pirâmide azul superior. As estrelas servem como antenas receptoras, para filtrar e transmutar as energias que serão captadas e utilizadas nos procedimentos.

Construímos uma esfera que envolve as duas pirâmides. São construídas em material bipolar com aparência metálica, de alta densidade, com a capacidade de isolar os campos de força não permitindo a entrada de nenhum tipo de energia intrusa que não se coadune com os objetivos crísticos de nossa tarefa.

Criamos estrelas rubis, colocadas nas aberturas físicas da casa e salas de atendimento e ainda uma estrela azul, colocada no topo da casa para simbolizar que os nossos trabalhos são realizados em nome da Harmonia Universal e por ela. Construímos ainda um portal de luzes na entrada da casa que serve como um campo de força semelhante aos equipamentos utilizados em aeroportos para detectar metais nas pessoas que passam sob um arco eletrônico. Sua função é transmutar os campos energéticos de todos que por ali passarem ao adentrar a nossa casa. Em seguida, um corredor de luz com as sete cores dos sete raios que adentrará o ambiente, passando principalmente pela sala de espera, onde se encontram os assistidos, chegando até as salas de atendimento. Depois, construímos os equipamentos de monitoramento dos trabalhadores e a comunicação com a equipe de comando do Hospital Amor e Caridade.

SISTEMAS DE TRANSPORTE

Ativamos um campo de força na forma de um cone ou tubo dourado no exterior, e prateado no interior (semelhante a um duto gigante), ligando as salas de atendimento ao departamento de triagem do hospital com um sistema de sucção, cuja função é recolher simultaneamente todas as energias transmutadas durante os atendimentos.

Formamos os corredores de luz e esteiras de transporte que levam ao Hospital Amor e Caridade todos os assistidos encaminhados após tratamento, além dos veículos de recolhimento da equipe de resgate e todos os demais aparatos necessários à equipe socorrista. Damos atenção especial à formatação dos equipamentos e aparatos necessários às equipes socorristas dos trabalhadores de outras dimensões, dos quais não temos conhecimento, além de outros materiais e apetrechos necessários ao trabalho que fogem do nosso conhecimento.

Esses campos de força, que temos na imaginação como se fossem uma estrada, um túnel ou coisas semelhantes, são na verdade elementos formatados para que a equipe de resgate e as demais equipes de trabalho possam se locomover pelas diversas dimensões que interpenetram a relação de tempo de cada caso e de cada assistido. Nosso planeta está na dimensão 3, em escala de ascensão para um padrão energético da dimensão 4. As zonas umbralinas e abissais estão nas dimensões de fator negativo na escala evolutiva, tendo como padrão as leis universais.

O resgate de vítimas e entidades se processa em muitas dessas dimensões e ao mesmo tempo. Um mesmo assistido encontra-se em várias dimensões simultaneamente, vivenciando suas experiências e, para o seu equilíbrio, todos os seus níveis — de todas as dimensões — devem ser recolhidos para um mesmo local no astral, onde receberão tratamento. Para esse resgate, é fundamental a formação dos campos de força pela nossa energia, pois é onde ocorre a locomoção das equipes de socorro pelos vários patamares evolutivos do orbe planetário.

FINALIZANDO A PREPARAÇÃO DO AMBIENTE

Costumo forrar o chão com ervas e flores, instalando cachoeiras de água cristalina e crística nas paredes, e tochas de fogo, simbolizando todos os elementais da natureza.

Colocamos um cristal de "Alpha Centauro" no centro de cada sala de atendimento, ligando-o por sintonia ao cristal matriz, passando a produzir as cores do arco-íris. Essas cores promoverão a transmutação das energias internas, reorganizadas durante os atendimentos antes de serem sugadas pelo tubo dourado, citado anteriormente.

Nesse instante, pergunto aos trabalhadores se há ainda algo a ser construído que tenha escapado de nossa percepção, ou se há algo que naquele dia em especial seja necessário, como um aparato específico.

FORMA DE CONSTRUIR

Vale lembrar que cada determinação é seguida de contagem e pulsos energéticos para a materialização dos procedimentos enunciados pelo dirigente. A cada citação do trabalhador que recebe a intuição, determino a sua construção, verbalizando e fazendo a contagem com pulsos energéticos. A contagem e o vigor dos pulsos energéticos (estalar de dedos) são feitos de acordo com a ênfase que o dirigente sente que deve estabelecer em cada procedimento.

ASSEPSIA DO AMBIENTE (LIMPEZA)

Quando todos os trabalhadores sentem que não há necessidade de construir mais nada, passo à limpeza do ambiente.

VENTO SOLAR: do centro da coroa do sol, trazemos uma energia de limpeza constituída por partículas de alta velocidade dinâmica, cuja função é desintegrar qualquer tipo de energia telúrica do ambiente. Essa energia pode ter sido trazida pelos assistidos, ou mesmo pelos trabalhadores. Sob contagem e impulsos energéticos, determino a limpeza do ambiente com o vento solar. Os clarividentes conseguem visualizar uma energia devastadora, como se fossem labaredas de fogo, desintegrando todas as energias parasitas do ambiente.

BANHO DE ÁGUA CRÍSTICA: com contagem lenta e progressiva, determino uma chuva de água crística que invade o ambiente, restaurando imediatamente o clima de tranquilidade. É como se fosse uma tarde de verão muito quente e abafada que recebe uma boa chuva refrescante. A palavra "crística" identifica a qualidade da energia dentro dos padrões da esfera crística de evolução espiritual.

ONDA DO MAR: peço uma onda do mar que parte do centro do oceano para recobrir a tudo e a todos, e que seus cristais fiquem impregnados no teto e no solo do ambiente.

Se houver ainda alguma solicitação dos trabalhadores, eu aplico medidas como: aromas, ervas, flores etc. Às vezes, determino a defumação do ambiente com ervas, folhagens e o elemento fogo.

PREPARAÇÃO PARA DESDOBRAMENTO

Quando o procedimento de limpeza está completo, determino a preparação dos trabalhadores encarnados e desencarnados da seguinte forma: sob contagem e impulsos energéticos, determino a abertura dos chacras dos trabalhadores, aumentando o diâmetro, diminuindo a velocidade de rotação das pétalas e adequando as cores em seus matizes. Logo depois, ainda sob contagem pausada e estalando os dedos (pulsos), determino o desdobramento dos corpos de todos para a colônia "Amor e Caridade", onde se encontra a equipe do hospital, para formar um só grupo de trabalhadores. Faço a entrega do comando dos trabalhos para a equipe responsável do dia e, em seguida, procedo ao ajuste fino de frequência, contando até três.

Confiro com os trabalhadores se há alguma instrução especial naquele dia ou alguma comunicação necessária da equipe que nos dirige. Nada havendo, fazemos a divisão dos trabalhadores para a formação dos grupos de trabalho.

COMPOSIÇÃO DOS GRUPOS DE TRABALHO

Essa prática não depende da presença física do assistido nem faz diferença se o paciente está presente na sala de atendimento ou não, mesmo a longa distância.

É imprescindível a presença de um dirigente e, no mínimo, de um trabalhador. Procuro formar grupos com um dirigente e entre dois e quatro trabalhadores, no máximo.

MANTER O AMBIENTE NA SINTONIA DA EQUIPE ESPIRITUAL

Após atendimentos que exigem incorporações diversas entre os médiuns, como também tratamentos e encaminhamentos de espíritos com baixo padrão vibratório acentuado e energias densas de vingança, raiva, ódio etc., ou mesmo atendimento de magos negros, é natural que o ambiente fique impregnado com algum tipo de energia densa — por ressonância dos médiuns — após o término do atendimento.

Nesses casos, solicito a presença dos amigos da umbanda branca, em especial dos caboclos, que são responsáveis pela segurança dos trabalhos, para efetuarem uma limpeza energética.

Na prática, isso ocorre com facilidade quando convido todos os trabalhadores a efetuarem a sua própria limpeza, a saber:

Peço a todos que fiquem de pé e procedam como se estivessem debaixo do chuveiro tomando banho. Com as mãos abertas, passá-las pelo corpo, do mesmo modo que fazemos para limpar o corpo recoberto de sabão, com movimentos regulares, esfregando-se ou batendo levemente nas partes do corpo, com o objetivo de limpar e ao mesmo tempo reativar a circulação energética. Esses movimentos são realizados a partir da cabeça até os pés. Alguns trabalhadores ainda tocam com suas mãos no chão com a intenção de entregar para a Terra as energias transmutadas.

De vez em quando acontece de um só médium incorporar seu guia da linha de caboclos e efetuar a limpeza do ambiente e de cada médium em particular antes de dar continuidade aos trabalhos.

Prosseguindo, comando a reativação da sincronia com a equipe espiritual por meio de contagem lenta e impulsos energéticos, ajustando em sintonia fina a equipe com o Hospital Amor e Caridade. Na verdade, esse último comando representa a elevação do padrão energético dos médiuns e, por consequência, do ambiente.

Quando o ambiente fica impregnado com energias densas depois de um atendimento, outra forma de efetuar a limpeza é aplicar o mesmo procedimento de assepsia do início dos trabalhos usando vento solar, banho de água crística, água do mar etc.

9 | AOS TRABALHADORES DE APOMETRIA

FUNÇÃO DO MÉDIUM (TRABALHADOR)

Já sabemos que o corpo físico tem a característica de receber a energia magnética do planeta, e os espíritos são quantum de energia elétrica. A ação entre os espíritos e os trabalhadores acontece por sintonia de frequência. Sabemos também que o trabalho de transmutação energética e realização dos procedimentos em um trabalho de apometria ou qualquer outro trabalho espiritual é realizado pela equipe espiritual que os dirige. O médium, ou trabalhador físico, é um coadjuvante que tem como função principal fornecer a energia magnética utilizada durante os trabalhos.

Para qualquer corpo físico em desequilíbrio que apresenta um desajuste em seu campo energético magnético, a matéria-prima a ser utilizada para o reequilíbrio só pode ser a energia magnética. E, como os espíritos se encontram na fase elétrica, eles necessitam do médium para fornecer-lhes essa energia.

Espíritos que ignoram seus destinos, que ainda vivem no planeta, só conseguem permanecer na crosta terrestre porque se utilizam das energias magnéticas de um corpo físico vivo, que tem a característica de extrair essas energias do planeta. O "fantasma" que vemos, de espíritos desencarnados, é mantido através de seu corpo mental inferior, que recebe a carga energética magnética da vítima obsedada. Portanto, mesmo em se tratando de atender espíritos desencarnados que vivem aqui no planeta, como os obsessores, por exemplo, é primordial a energia magnética que os espíritos socorristas não têm e, por isso, eles precisam da atuação do médium em qualquer trabalho espiritual.

Todo atendimento de um espírito obsessor, seja um intruso, um corpo ou nível do próprio assistido que está em desequilíbrio num processo de auto-obsessão, necessita da presença do médium como doador da energia magnética em sintonia com a equipe espiritual socorrista.

PROTEÇÃO ESPIRITUAL DOS TRABALHOS

É recomendável que todo trabalhador de apometria mantenha a vigilância nas informações novas que aparecerem para o grupo, tais como técnicas ou procedimentos novos para serem colocados em prática nos tratamentos dos assistidos. Mas qual é o critério que devemos estabelecer como padrão para manter tal vigilância? Para aceitar ou rejeitar uma nova informação? Qual o melhor critério para avaliar uma nova situação? Como posso ter certeza de que a informação é fidedigna? Essas e muitas outras perguntas devem passar pela mente daqueles que já experimentaram tais situações.

Aproximadamente há três anos, quando trabalhava com um grupo na zona norte de São Paulo, comecei a sentir uma dor aguda na região do fígado. Eram pontadas doloridas que iam e vinham durante alguns atendimentos. Não eram regulares nem frequentes. Não era possível definir a origem e muito menos a razão daquelas dores tão estranhas. Ao mesmo tempo, uma médium equilibrada sentia como se suas informações estivessem sendo sugadas durante seu sono físico. De acordo com sua descrição, havia uma espécie de guelra em seu ombro, como nos peixes, e dali saíam informações de seus conhecimentos sobre a vida.

Como esses sintomas permaneceram por um tempo e fora dos trabalhos, eu nada sentia, decidi então reunir todos os trabalhadores para discutir o assunto e tentar chegar a uma conclusão. Eu imaginava que diante das circunstâncias o melhor a fazer seria reunir o grupo e definir se eu pessoalmente precisava de uma harmonização. Afinal, as dores haviam se tornado constantes, e eu entendia que aquilo não era um procedimento normal. Como sempre, fui atento aos ataques energéticos que nós, dirigentes, sofremos com regularidade, resolvi não deixar o processo tomar proporções que fugissem do controle.

Com o grupo reunido e com todos os aparatos necessários à proteção e ligações com divindades e o Hospital Amor e Caridade, como de praxe, iniciei a pesquisa. No mesmo instante, eu e a médium supracitada começamos a sentir fortes dores e acreditando que fosse um ataque de energias intrusas, passei a dar os comandos de captação do "tal" intruso.

Não demorou até que uma trabalhadora, que pouco participava dos trabalhos em razão de suas atividades pessoais, se afinasse com a sintonia. Enquadramos a entidade e observei que sua postura era serena e não desistia de sua firmeza. Iniciei então as orientações aos trabalhadores, tratando a entidade como se fosse um mago negro. Fiz tudo que estava ao meu alcance e nada! Por mais que me empenhasse na tentativa de obter êxito na doutrinação ou diálogo, mais a entidade permanecia firme em sua posição. Parecia que ela observava o quanto nós éramos capazes. Literalmente, deixava transcorrer nosso método de trabalho sem interferir; no entanto, nada obtínhamos de resultado.

Chegou o momento em que comecei a apelar para os extremos e passei a utilizar a técnica de levá-la para o futuro, com o objetivo de mostrar-lhe que, se não cedesse, ela poderia ser acometida por fortes dores em razão de receber a carga energética do peso cármico de suas ações futuras, podendo inclusive transformá-la numa espécie de ameba, o que a faria perder a capacidade de usar o livre-arbítrio. Nesse momento, ela deu um sorriso irônico e ao mesmo tempo carinhoso, como se quisesse nos avisar de que estava ali como observadora, e tudo não passava de um grande engano de nossa parte.

Ela inverteu a situação e iniciou a imantação telepática sobre os médiuns. A confusão foi geral. As dores que eu sentia tornaram-se mais fortes e nos outros médiuns também. Tentei entrar em sintonia com a equipe do Hospital Amor e Caridade e não consegui. Somente quando estava a ponto de desistir de tudo, com a minha dúvida ao extremo, a entidade se manifestou.

Falou com voz suave, dotada de uma carga de sabedoria indescritível. Informou que se tratava de uma equipe de entidades pertencentes a outro planeta e estavam nos observando já havia algum tempo, com o propósito de nos auxiliar e, principalmente, mostrar-nos novas técnicas de trabalho. Nesse momento eu reclamei da dor e ela não entendia, pois não conhecia a dor. Graças à intuição recebida de alguém, utilizei a expressão "constrangimento" no lugar da palavra "dor". Só então ela compreendeu e, a partir daí, não sentimos mais nenhum desconforto e passamos a dialogar com serenidade.

Explicou que, naquele momento, havia na Terra aproximadamente setenta equipes semelhantes à dela, oriundas de várias partes do Universo, com o propósito de auxiliar o planeta em sua metamorfose, inserindo-se nos propósitos do terceiro milênio de renovação. Informou ainda que sua equipe sentia afinidade com o nosso tipo de trabalho e, por essa razão, direcionou sua atenção aos nossos encontros para observar nossa atuação e poder avaliar a melhor forma de nos auxiliar.

Desde então, temos trabalhado em harmonia e aprendido muito com esse grupo de amigos celestiais. Temos recebido orientação de um novo método de trabalho com a saúde que eles denominam "medicina transdimensional", e um procedimento para tratar corpos sutis e físicos chamado "neoplastia" (explicado em capítulo anterior).

Ainda estamos no início das atividades e utilizamos pouco esse novo sistema. Formamos uma equipe de trabalho com vários profissionais da área da saúde, que se juntaram ao grupo aos poucos, e pessoas com grande capacidade de transferir amor ao próximo.

Acredito que em um futuro próximo seremos autorizados a abordar esse tema com mais detalhes, principalmente para que os interessados no assunto tenham conhecimento.

Aprendi com isso que, acima de tudo, a maior proteção que podemos ter em um trabalho, seja espiritual ou não, é a nossa fé! E essa é a medida padrão para avaliar a qualidade das comunicações e orientações novas que estão chegando para nossa informação. Como se sabe, devemos ouvir e extrair de cada frase a palavra que cabe ao nosso ouvido e deixar o restante se perder no tempo.

DICAS PARA INCORPORAÇÃO

Há muito misticismo em torno da palavra "incorporação". É uma expressão popular, também conhecida como psicofonia no meio kardecista, e ainda como captação nos meios mais acadêmicos. Existem outros sinônimos que definem o ato de transmitir para o mundo físico, dos encarnados, as comunicações do mundo astral, dos desencarnados.

A expressão já retrata em sua grafia a ideia de que o espírito comunicante entra no corpo físico de quem recebe a captação. Essa ideia transmite a sensação de medo para quem tem essa sensibilidade, imaginando que vai perder seu corpo, entregando-o a outra personalidade que fará o que bem entender com ele.

O fenômeno mediúnico não se processa dessa forma. Há muita confusão por falta de conhecimento, em razão de a umbanda, em geral, utilizar danças e cantos em seus rituais, para criar um clima de transe por meio dos sons, a fim de que os médiuns entrem no chamado "transe mediúnico". Também existem as casas evangélicas que se aproveitam de pessoas desequilibradas, em transe, que parecem estar possuídas por entidades obsessoras, nas sessões chamadas de descarrego, assustando os leigos.

Na verdade, o contato mediúnico nada mais é do que uma sintonia mental, assim como conhecemos a telepatia. O trabalhador com sensibilidade é preparado para captar a sintonia do espírito comunicante, ajustando os seus chacras coronário, cardíaco e esplênico com a sintonia da entidade, que também é preparada pela equipe socorrista. A partir dessa adaptação, correspondente ao ajuste da sintonia de uma estação de rádio, o médium passa a receber toda a sensação do espírito. Essa sensação é filtrada no sistema cerebral, como qualquer outra sugestão que possamos receber de outra pessoa, e o trabalhador, a partir de sua decisão, interpreta e transmite a sugestão recebida.

Ninguém toma o corpo de ninguém. Realizar a comunicação do plano astral para o material assemelha-se a um locutor de rádio que transmite uma partida de futebol e que, ao ver o jogo, sente a emoção da partida e transforma em palavras a emoção que deseja passar para o ouvinte. No caso das "incorporações", não há um jogo ao vivo e em cores, mas há um filme passando na cabeça do médium que só ele sente, e a partir daí transmite a ideia. É importante salientar que o médium decide se coloca sua emoção na comunicação ou não. Esse é o grande entrave para as pessoas mais racionais compreenderem o "fenômeno de incorporação". A maioria imagina que os sentimentos que estão passando por sua cabeça são sensações próprias, ou então ficam se autocriticando e julgando a veracidade da comunicação porque o fenômeno em si é uma forma de pensamento que passa pela cabeça como outro qualquer. O médium decide se expõe suas sensações ou somente as comenta como se fosse um espectador a transmitir o que está enxergando.

O MÉDIUM PODE COMER CARNE VERMELHA?

Esta pergunta é muito comum por parte dos trabalhadores novos em razão de determinadas exigências nas práticas espirituais realizadas em casas kardecistas.

É recomendável, ao trabalhador, que se prepare para qualquer trabalho espiritual, mantendo uma dieta saudável pelo menos no dia do trabalho. Referimo-nos a não cometer exageros, tais como: comer uma bela feijoada ou uma macarronada em excesso, ou ingerir bebidas alcoólicas. O corpo físico, diante de uma alimentação exagerada, necessita trabalhar muito em seu processo digestivo, especialmente quando ingerimos alimentos condimentados. A digestão requer que o corpo canalize muita energia, tirando o foco energético do trabalho a que o médium se destina.

Uma boa alimentação, com verduras, legumes, frutas etc., é importante para a saúde do corpo físico se quisermos levar uma vida saudável, independentemente de trabalhar ou não com a espiritualidade. Portanto, devemos mantê-la diariamente, e não só nos dias de trabalhos.

Por outro lado, tão importante quanto a comida que ingerimos é o alimento emocional. Para o trabalhador, comer em excesso é tão desastroso para sua tarefa quanto falar mal da vida dos outros.

UM TRABALHADOR É OBRIGADO A ESTUDAR ANTES DE TRABALHAR?

Se você está interessado em ingressar num grupo de trabalhos e iniciar suas atividades como trabalhador de apometria, como em qualquer atividade, é bom ter em mente a responsabilidade de se habilitar da melhor maneira possível para a função que exercerá. É essencial, para ter um desempenho de real colaboração e interatividade com o grupo, saber o que está fazendo e assim conseguir contribuir com o seu melhor para a realização das tarefas a que se propõe.

É claro que, se o candidato a trabalhador já tiver um bom conhecimento das leis e técnicas da apometria, isso facilitará muito a sua introdução em um grupo. Para tanto, há muitas pessoas de boa vontade ministrando cursos, e sempre é bom passar primeiro o conhecimento para nossa mente. À medida que nossa mente "sabe" e aceita, fica mais fácil aceitar também a sabedoria que vem do nosso interior.

O trabalhador de apometria dedicado e responsável deve se interessar em aprender novos assuntos e procedimentos que porventura possam ser utilizados durante os trabalhos de que participará. Por isso, o profissional de qualquer área aprimora constantemente seus conhecimentos para ficar atualizado em sua profissão, pois, estudando e se interessando pelas novidades, anexará ao seu currículo o que for conveniente para sua carreira. Nenhum trabalhador acomodado pode permanecer em estado de absoluta eficiência, imaginando que sabe tudo, que não precisa aprender mais nada. Portanto, recomendo, sempre que possível, fazer um curso, uma reciclagem, enfim, conhecer outros métodos de trabalhos que possam acrescentar algo positivo em sua evolução.

Estudos à parte, não significa que um trabalhador de apometria seja obrigado a frequentar um curso para estar apto a trabalhar. Existem, sim, algumas casas que estabelecem suas regras onde ninguém inicia nenhuma atividade sem antes receber o diploma do curso. São apenas normas determinadas pelos dirigentes dessas casas, seres humanos que obviamente se preocupam com a qualidade dos serviços que a casa se propõe a oferecer.

Não sou contra essas providências, mas creio que em toda regra há exceção, e os casos devem ser estudados individualmente. Não podemos esquecer que somos espíritos que se encontram em um determinado patamar evolutivo, e isso deve ser considerado em primeira instância na hora da avaliação.

Imagino que vale a pena perguntar como seria se um dia, em uma dessas casas que exigem o estudo (acúmulo de informações), recebessem uma reencarnação de Jesus, do doutor Lacerda, ou do Chico Xavier? Eles não estariam dentro do mesmo corpo, óbvio, por se tratar de uma nova encarnação, entretanto, o espírito é o mesmo. E, como espírito, traz todo saber que já experimentou em outras encarnações na bagagem, no entanto, com certeza, não terá em sua mente o nível de informações que o ser humano adquire à medida que se forma por meio de cursos e estudos. Como sabemos, nosso sistema de ensino é dirigido para acumular informações, e não desenvolver a sabedoria. Certamente, esses seres iluminados seriam obrigados a passar pelo banco escolar antes de colocar em prática o saber que já acumulam no coração. Por essa razão, sigo minhas intuições.

Nos trabalhos que dirijo, já aconteceu de pessoas serem assistidas e receber alta e, ao invés de liberá-las, convido-as a se sentar e participar dos trabalhos como colaboradoras. Confesso que essa atitude já causou embaraços em algumas casas pelas quais passei, pois é uma situação constrangedora para os dirigentes que cobram uma postura calcada em regras, alegando que, para haver disciplina, é preciso obedecer a regulamentos. Há que se ter, sim, um direcionamento, um norte que todos possam seguir, mas cada um vai sentir intuitivamente o que pode ou não ser feito.

Tenho contabilizado muitas alegrias até aqui, pois todos os assistidos que transformei em trabalhadores antes dos estudos ou cursos pertinentes mostraram-se excelentes colaboradores nos trabalhos e fizeram progressos por onde passaram. Portanto, creio que cada situação precisa de uma avaliação específica, pois, conforme já disse, somos espíritos e, como tais, podemos ser semelhantes, mas nunca iguais.

Não faço desse discurso um ato indiscriminado; pauto-me sempre pela avaliação da minha intuição. Por isso, não estabeleço regras sobre quem está pronto para trabalhar em apometria ou não.

QUAL O PAPEL DO TRABALHADOR NO GRUPO?

Sentiu? Falou.

Essa é a recomendação a todos os trabalhadores que começam a trabalhar em nossos grupos de atendimento, isto é, sempre que o médium sentir alguma coisa, qualquer coisa, deve imediatamente falar a respeito. Isso serve para as sensações mais absurdas que possam aparecer.

Quando há uma sensação e o trabalhador não consegue entender do que se trata, recomendo que utilize a seguinte expressão:

— Estou sentindo algo que não sei o que é!

Esse conselho é útil para todos que estão ingressando em grupos de apometria e realmente querem fazer parte desse contexto e, claro, que estão dispostos a realizar um excelente trabalho.

As sensações que recebemos durante um trabalho apométrico são oriundas do plano astral, onde não existe a percepção de tempo que temos no nosso mundo. Em nosso planeta, o tempo é fechado num espaço, uma vez que vivemos em um mundo tridimensional onde tudo tem largura, altura e profundidade.

As informações que nos chegam através de sensações são sinais elétricos que recebemos em nossa mente e se transformam em pensamentos. A partir da avaliação do pensamento recebido, e passando pelo crivo da nossa razão, definimos uma ação. Entretanto, ao passar pelo nosso pensamento e nos fazer raciocinar para organizar uma resposta, deixa de ser intuição ou inspiração.

No trabalho de apometria, a melhor contribuição do trabalhador encarnado é a sua participação de corpo presente, sintonizado com o grupo para fornecer sua energia, principalmente a de cunho magnético, inerente ao corpo físico. A existência de um desequilíbrio ou doença psicológica ou física significa falta de magnetismo. O corpo físico de um assistido, por exemplo, não produz energia suficiente para se autoabastecer e ainda suprir as necessidades de seu obsessor. Nesse momento, entra o médium, fornecendo energia extra para a equipe espiritual realizar os procedimentos necessários.

O trabalho, em sua maioria, é realizado pela equipe espiritual, que se utiliza da energia do corpo físico de todos os trabalhadores encarnados, e a canaliza sob o comando dos pulsos energéticos do dirigente.

É muito importante a participação do trabalhador sintonizado com a origem dos distúrbios apresentados, colocando-os para fora de sua mente, do seu campo elétrico, materializando-os através da palavra. Ou seja, ao falar o que está sentindo, o médium coloca a sua sintonia, uma onda elétrica no campo vibratório eletromagnético do planeta, onde a operação será realizada. Se o trabalhador tem a sintonia e a guarda para si, está fragmentando o fluxo energético da informação.

Quando o médium hesita em dizer o que está sentindo, seja por timidez ou por achar que é coisa da sua cabeça, a equipe espiritual passa a sintonia para outro trabalhador, que resolverá a questão. Entretanto, quando o médium não fala o que sente, ele entra em um processo de ressonância magnética. Ele fica na sintonia e passa a sentir o que a entidade está sentindo. Se não exprime por meio da verbalização, fica impregnado desse campo energético e com os sintomas do assistido.

Sendo assim, quando houver uma dor, um enjoo, ou um mal-estar da entidade, o trabalhador permanecerá com os sintomas após o término dos trabalhos. Dessa forma, absorverá para si parte do campo energético do assistido, dificultando a resolução do problema. Mesmo que a entidade seja atendida e encaminhada para o astral, esse médium permanecerá com parte dessa energia e comprometerá a sintonia do grupo nos demais atendimentos.

Nesses casos, para readquirir o equilíbrio energético do médium e do grupo, aplicamos a técnica de revitalização dos médiuns que, por si só, já resolve o problema.

Então, para que levar para casa o que não lhe pertence? O melhor mesmo é seguir esta orientação: sentiu, falou!

MEDIUNIDADE: CONSCIENTE OU INCONSCIENTE?

Na década de 1950, as manifestações mediúnicas espetaculares eram muito comuns. Serviam para mostrar à humanidade que existia alguma coisa além dos fenômenos. Naquele tempo, as pessoas com sensibilidade mediúnica eram tratadas como loucas e encaminhadas para hospícios, onde passavam por tratamentos extremos, recebendo choque elétrico e tantos outros. A influência da Igreja Católica era predominante sobre o comportamento da sociedade e muito misticismo foi criado sobre a espiritualidade, com o objetivo de não desviar seu rebanho para outra religião. Um deles era a crença de que a casa espírita era um lugar onde as pessoas se tornavam loucas. Exatamente o contrário do que se realizava, pois as casas espíritas promoviam o equilíbrio de pessoas com mediunidade aflorada, que se manifestava, sem controle, nos ambientes públicos. Ao serem levadas para essas casas, aprendiam como disciplinar sua sensibilidade com a doutrina espírita.

A propagação dessas ideias gerou o medo de espíritos na sociedade, pensando que o corpo de uma pessoa era literalmente possuído pelos espíritos manifestantes. A sequela dessas crenças faz parte da nossa cultura, na qual o leigo ainda sente muito medo de espíritos.

Nos dias atuais, as manifestações mediúnicas inconscientes quase não acontecem. Estamos no terceiro milênio, e a população tem mais acesso à informação. Portanto, é muito mais consciente. Basta observar que o predomínio de uma religião sobre as pessoas já não é mais tão evidente.

Novas religiões surgiram e há um crescente aumento da procura por novas verdades em todos os níveis. Essa busca inconsciente pelo novo faz parte do desenvolvimento espiritual de cada um e, por esta razão, muitos acabam se desequilibrando e partem à procura de uma nova religião ou seita, a fim de preencher uma lacuna que ficou no consciente, como se faltasse alguma coisa que não se consegue entender o que é. Uma boa parte dessas pessoas é sensitiva, com necessidade de aprender a lidar com seu campo energético. Hoje há muitas pessoas que, ao iniciarem seu trabalho na apometria, encontram-se literalmente consigo mesmas e passam a ter uma vida mais feliz, usando seus dotes sensitivos a seu favor, tais como intuições e inspirações.

A doutrina espírita desempenha um papel importante na informação cultural desse assunto. O curso ministrado pelas casas kardecistas que estudam o "Livro dos Médiuns" e o "Livro dos Espíritos", de Allan Kardec, tem um conteúdo de informação esclarecedor no campo da doutrina espírita. No entanto, a maioria dessas casas atua pouco no desenvolvimento das aptidões mediúnicas propriamente ditas das pessoas que frequentam. Raríssimas casas praticam o trabalho de desobsessão espiritual. Seus aprendizes ficam limitados a ministrar passes magnéticos com sua sensibilidade.

Os que têm o compromisso de executar a função de "enfermeiros de almas" ficam frustrados, desequilibram-se espiritualmente e entram em processo auto-obsessivo. São pessoas em geral muito racionais, com a mente muito lógica, que necessitam entender tudo dentro de seus padrões de conhecimento. Quando não entendem, não aceitam.

Mediunidade é **sentir**. Não é possível sentir com a **lógica**.

O contato mediúnico acontece nos corpos sutis por meio da mente (campo mental). O cérebro recebe uma informação externa sutil de outra dimensão e passa a elaborar um pensamento dentro do padrão de entendimento, conforme o seu arquivo de memória. A partir de então, funciona a imaginação, que consiste na imagem em ação, transformando aquela ideia original em um pensamento compreensível e aceitável.

O próximo passo é materializar o pensamento por meio de ações concretas, mesmo que seja pela verbalização. O contato com seres desencarnados — que não estão de posse de um corpo físico — ocorre por meio de ações sutis quando se manifestam ideias abstratas e, portanto, muito longe de qualquer lógica.

Quando a pessoa racional sente um contato ou uma nova ideia, raramente consegue identificá-la dentro de seu padrão lógico, e a tendência é a rejeição. Uma de suas defesas é produzir a reação de medo. O medo do desconhecido gera a ideia da perda de comando do corpo físico e a rejeição à ideia é um passo automático.

Para essas pessoas, é quase impossível explicar o "sentir". No meu trabalho, oriento que qualquer sentimento que passe pela mente seja manifestado, verbalizado, mesmo a sensação de algo que a pessoa não entenda.

Com a técnica de biopometria, é possível obter êxito nesses casos em que pessoas extremamente racionais não conseguem entender o mecanismo do fenômeno mediúnico. Trata-se de uma técnica desenvolvida recentemente no Instituto BioSegredo e que tem apresentado resultados muito satisfatórios, fazendo a pessoa vivenciar exercícios específicos com acompanhamento de um terapeuta treinado, em encontros semanais. Ao final do tratamento, a pessoa modifica totalmente sua forma de enxergar a espiritualidade e a sua sensibilidade.

TRATAMENTO PARA TRABALHADORES

Sugerimos aos trabalhadores que não realizem tratamentos em médiuns no mesmo grupo em que atuam regularmente. Não somos partidários da política do "já que", isto é:

— "Sabe, estou com uns sintomas estranhos e, 'já que' não tem mais ninguém para atender, será que o senhor não pode dar uma olhadinha?"

Médium que acredita estar precisando de ajuda deve passar por uma consulta específica na mesa quantiônica e, se for determinada a necessidade de passar por atendimento de apometria, ele deve seguir uma ordem de atendimento, assim como acontece com todos, quando se faz o agendamento do dia e horário em que receberá o tratamento como assistido e não como trabalhador.

Quem trabalha em apometria regularmente passa por um processo natural de autoconhecimento e consequente elevação de padrão energético espiritual. Isso ocorre porque em cada atendimento no qual o médium entra em sintonia com uma determinada egrégora, certamente ele tem algo dentro de si a ser resolvido no mesmo padrão. Na maioria das vezes, o simples fato de estar na sintonia e vivenciar a situação da captação energética é suficiente para que o seu problema seja resolvido. Portanto, creio que o médium trabalhador é muito mais assistido do que a própria pessoa que está presente.

Entretanto, a pessoa que passa a se dedicar à prática do bem, assistindo ao próximo com seu amor, geralmente está num processo evolutivo espiritual dentro das leis universais, "desempenhando seu papel" como parte do compromisso de realizar sua missão de vida, auxiliando o próximo e, portanto, está em uma fase de progresso natural. De tempos em tempos, é necessária uma ajuda externa para subir os degraus de sua escala evolutiva, então, quem se dedica com disciplina ao trabalho de apometria, de vez em quando, deve e precisa ser assistido.

RESSONÂNCIA MAGNÉTICA

A ideia não verbalizada, conforme já descrevemos nos tópicos anteriores, fica impregnada no campo mental da pessoa como um registro de memória e gera uma sensação sutil. Enquanto não é verbalizada, a sua carga energética permanece sustentada na mente e cria raízes. Quando o médium tem a ideia e não manifesta a emoção que ela transmite, ela se infiltra em seu campo mental, ou seja, tudo o que o espírito comunicante sente passa a ser sentido pelo médium.

Iniciantes no trabalho de apometria que têm dificuldade para expressar o que sentem, seja por falta de compreensão ou preconceitos, normalmente ficam impregnados com a sensação que sintonizaram. Em muitos casos, não verbalizam porque outro médium que entrou na mesma sintonia já manifestou, ou porque sentem vergonha por acreditar que a ideia, na sua compreensão, é absurda, temendo o ridículo.

O trabalho está acima de qualquer preconceito e, portanto, vai continuar independentemente de o médium se manifestar ou não. O espírito que necessita de tratamento será encaminhado para a sintonia de outro médium, e o tratamento acontecerá naturalmente. O médium que não se manifestou absorve a carga energética e sente as sensações que a ideia contém.

Caso o médium identifique algum desconforto, mesmo que não entenda, logo após o encerramento do atendimento o dirigente deve utilizar a técnica de "revitalização de médiuns". Por outro lado, se o médium não manifestar a sensação, ela deverá perdurar em seu campo mental, e nos dias subsequentes apresentará um quadro emocional compatível com a sensação da sintonia, causando-lhe desconforto e até sintomas físicos mais acentuados, como enjoos, vômitos, diarreia, tonturas etc.

TÉCNICA DE ACOPLAMENTO MEDIÚNICO

Quando é necessária a manifestação verbal da emoção do espírito comunicante para viabilizar o tratamento e, por qualquer motivo, existe uma dificuldade de incorporação no grupo, o dirigente deve incentivar a acoplagem do espírito comunicante ao médium, procedendo à contagem e pulsos energéticos:

- harmonizar os chacras com ênfase no coronário, cardíaco e esplênico;
- adequar a frequência com ajuste fino entre o grupo encarnado e o desencarnado;
- solicitar ao grupo socorrista a aproximação entre espíritos encarnados e desencarnados;
- determinar a acoplagem.

Em poucos segundos, um dos médiuns participantes do grupo incorpora a entidade a ser tratada, seja um nível ou um intruso. Em seguida, executam-se os tratamentos adequados a cada caso.

O trabalho está acima de qualquer preconceito e, portanto, vai continuar independentemente de o médium se manifestar ou não. O espírito que necessita de tratamento será encaminhado para a sintonia de outro médium, e o tratamento acontecerá naturalmente. O médium que não se manifestou absorve a carga energética e sente as sensações que a ideia contém.

Caso o médium identifique algum desconforto, mesmo que não entenda, logo após o encerramento do atendimento o dirigente deve utilizar a técnica de "revitalização de médiuns". Por outro lado, se o médium não manifestar a sensação, ela deverá perdurar em seu campo mental, e nos dias subsequentes apresentará um quadro emocional compatível com a sensação da sintonia, causando-lhe desconforto e até sintomas físicos mais acentuados, como enjoos, vômitos, diarreia, tonturas etc.

TÉCNICA DE ACOPLAMENTO MEDIÚNICO

Quando é necessária a manifestação verbal da emoção do espírito comunicante para viabilizar o tratamento e, por qualquer motivo, existe uma dificuldade de incorporação no grupo, o dirigente deve incentivar a acoplagem do espírito comunicante ao médium, procedendo à contagem e pulsos energéticos:

- harmonizar os chacras com ênfase no coronário, cardíaco e esplênico;
- adequar a frequência com ajuste fino entre o grupo encarnado e o desencarnado;
- solicitar ao grupo socorrista a aproximação entre espíritos encarnados e desencarnados;
- determinar a acoplagem.

Em poucos segundos, um dos médiuns participantes do grupo incorpora a entidade a ser tratada, seja um nível ou um intruso. Em seguida, executam-se os tratamentos adequados a cada caso.

CONCLUSÃO

As técnicas de apometria transcritas neste manual foram recebidas durante os trabalhos que realizamos no Instituto BioSegredo, onde contamos com a ajuda de uma equipe de atendimento composta por mais de cem trabalhadores voluntários. São pessoas que procuraram o nosso trabalho apométrico e, depois de atendidas e tendo conquistado a melhora em suas vidas, resolveram fazer os cursos ministrados no Instituto, com a predisposição voluntária de ajudar ao próximo.

Algumas dessas técnicas foram recebidas por grupos de trabalho dos quais eu nem participei fisicamente. Outras contaram com o meu testemunho pessoal. Entretanto, todos os procedimentos recebidos foram posteriormente avaliados e estudados para ter sua autenticidade conferida. Só depois de uma análise criteriosa são colocados à disposição dos demais trabalhadores, assim como divulgados para outras casas de apometria que sintonizam conosco.

Isso significa que, quando um trabalho é sério, atua sem personalismos, voltado para ajudar o próximo, o grupo espiritual que nos apoia intervém para facilitar nossa pequena tarefa, que só engrandece e fortalece essa nova modalidade de ciência e espiritualidade.

© 2011 por Darcio Cavallini

Capa: Jaqueline Kir
Projeto gráfico: Priscila Noberto
Diagramação: Cristiane Alfano
Revisão: Melina Marin

1ª edição — 6ª impressão
2.000 exemplares — fevereiro 2021
Tiragem total: 13.000 exemplares

Dados Internacionais de Catalogação na Publicação (CIP)
(Câmara Brasileira do Livro, SP, Brasil)

Cavallini, Darcio
Apometria: uma nova abordagem da desobsessão / Darcio Cavallini.
São Paulo : Centro de Estudos Vida & Consciência Editora.

ISBN 978-85-7722-174-5

1. Cura espiritual 2. Espiritismo 3. Espírito e corpo 4. Fluidos magnéticos 5. Parapsicologia 6. Projeção astral I. Título.

11-06007					CDD-133.92

Índices para catálogo sistemático:
1. Apometria: Espiritismo 133.92

Este livro adota as regras do novo acordo ortográfico (2009).

Todos os direitos reservados. Nenhuma parte desta edição pode ser utilizada ou reproduzida, por qualquer forma ou meio, seja ele mecânico ou eletrônico, fotocópia, gravação etc., tampouco apropriada ou estocada em sistema de banco de dados, sem a expressa autorização da editora (Lei nº 5.988, de 14/12/1973).

Vida & Consciência Editora e Distribuidora Ltda.
Rua das Oiticicas, 75 – Parque Jabaquara – São Paulo – SP – Brasil
CEP 04346-090
editora@vidaeconsciencia.com.br
www.vidaeconsciencia.com.br

GRANDES SUCESSOS DE
ZIBIA GASPARETTO

Com 19 milhões de títulos vendidos, a autora tem contribuído para o fortalecimento da literatura espiritualista no mercado editorial e para a popularização da espiritualidade. Conheça os sucessos da escritora.

Romances
pelo espírito Lucius

A força da vida
A verdade de cada um
A vida sabe o que faz
Ela confiou na vida
Entre o amor e a guerra
Esmeralda
Espinhos do tempo
Laços eternos
Nada é por acaso
Ninguém é de ninguém
O advogado de Deus
O amanhã a Deus pertence
O amor venceu
O encontro inesperado
O fio do destino
O poder da escolha
O matuto
O morro das ilusões
Onde está Teresa?
Pelas portas do coração
Quando a vida escolhe
Quando chega a hora
Quando é preciso voltar
Se abrindo pra vida
Sem medo de viver
Só o amor consegue
Somos todos inocentes
Tudo tem seu preço
Tudo valeu a pena
Um amor de verdade
Vencendo o passado

Rua das Oiticicas, 75 — SP
55 11 2613-4777

contato@vidaeconsciencia.com.br
www.vidaeconsciencia.com.br